REFUGIADOS DE IDOMENI
O retrato de um mundo em conflito

copyright Gabriel Bonis
edição brasileira© Hedra 2017

agradecimentos Sérgio Lírio

edição Jorge Sallum
coedição Ana Clara Cornelio
assistência editorial Bruna Cecília Bueno e José Eduardo Góes
revisão Ana Clara Cornelio, Bruna Cecília e João Pedro Rocha
capa Ronaldo Alves

corpo editorial Adriano Scatolin,
Antônio Valverde,
Caio Gagliardi,
Jorge Sallum,
Oliver Tolle,
Renato Ambrosio,
Ricardo Musse,
Ricardo Valle,
Tales Ab'Saber,
Tâmis Parron

Grafia atualizada segundo o Acordo Ortográfico da Língua
Portuguesa de 1990, em vigor no Brasil desde 2009.

Direitos reservados em língua
portuguesa somente para o Brasil

EDITORA HEDRA LTDA.
R. Fradique Coutinho, 1139 (subsolo)
05416–011 São Paulo SP Brasil
Telefone/Fax +55 11 3097 8304

editora@hedra.com.br
www.hedra.com.br

Foi feito o depósito legal.

REFUGIADOS DE IDOMENI
O retrato de um mundo em conflito

Gabriel Bonis

1ª edição

hedra

São Paulo_2017

▷ **Gabriel Bonis** é especialista em direito internacional dos refugiados, área na qual atuou em Londres, Oxford, Sarajevo e Salônica. Entre outubro de 2015 e maio de 2016, trabalhou como pesquisador na Grécia, onde pôde acompanhar a evolução da crise em um dos principais campos de refugiados da Europa, o vilarejo de Idomeni. Atualmente coordena em Salônica um projeto independente para ajudar refugiados a se prepararem para entrevistas de asilo e realocação para outros países da União Europeia. É mestre em Relações Internacionais pela Queen Mary, Universidade de Londres e pós-graduado em Política e Relações Internacionais pela Fundação Escola de Sociologia e Política de São Paulo. Como jornalista trabalhou na revista CartaCapital e colaborou com O Estado de S.Paulo, UOL, Carta na Escola, Carta Educação, Yahoo! Brasil e openDemocracy.

▷ **Erika Sallum**, autora da apresentação, é jornalista e mestre em direitos humanos pela Universidade de Nova York.

Sumário

Um repórter em Idomeni, *por Sérgio Lírio* 9
O que significa ser um refugiado?, *por Erika Sallum* 13

REFUGIADOS DE IDOMENI 23

Um começo 25
Em alto mar 29
A Primeira Fase 45
Encurralados 57
Atores humanitários 67
Espiral final 73
Voluntários 85
Idomeni. 93
Mãe 111
Violoncelo 121
Referências 129

Lista de siglas

ACNUR	*Alto Comissariado das Nações Unidas para os Refugiados*
MSF	*Médicos Sem Fronteiras*
MDM	*Médicos do Mundo*
OIM	*Organização Internacional para as Migrações*
ONG	*Organização Não-Governamental*
ONU	*Organização das Nações Unidas*
UE	*União Europeia*

Um repórter em Idomeni

Sérgio Lírio

O leitor deve estar cansado de ouvir sobre a suposta crise terminal do jornalismo. Diante da vasta e caleidoscópica oferta na internet e da profunda mudança cultural no consumo e na produção de informação, que eliminou a barreira entre emissores e receptores, há cada vez menos cidadãos dispostos a pagar por notícias.

A revolução tecnológica não é, porém, a única responsável pelo declínio dos meios tradicionais de comunicação. Empresas e jornalistas, de uma maneira transtornada e compulsiva, cavaram a vala que cada vez mais os enterra na irrelevância. Outrora pilar da democracia, o jornalismo, salvo raras exceções, deixou-se embriagar pela burocracia, pela defesa dos interesses do poder, transitório ou real, pelo desprezo às necessidades dos leitores e pela recusa diária em cumprir seu papel de serviço público. Trocou o difícil, mas consagrador exercício de "gastar as solas dos sapatos" e testemunhar os acontecimentos pelo conforto dos preconceitos refrescados pelo ar-condicionado.

No centro dessa decadência está o que alguns convencionaram chamar de "a morte da reportagem". Embora cause um certo efeito na plateia, não chega a ser um veredicto correto. Os bons repórteres, de fato, foram banidos das redações convencionais, mas não são poucos aqueles que, pelo amor à profissão, encontraram novas formas de levar adiante o compromisso de contar histórias, simplesmente porque alguém precisa contá-las.

É o caso deste livro assinado por Gabriel Bonis. Como se constatará em cada página de "Refugiados de Idomeni", o autor se equilibra entre o auto de fé do jornalista e a racionalidade do pesquisador. Entre a eloquência necessária para relatar um dos principais dramas contemporâneos e o cuidado para não se deixar levar pelas inevitáveis emoções.

Bonis reúne essas duas características. É um repórter impetuoso, clássico, e um acadêmico rigoroso, mestre em Relações Internacionais pela Queen Mary, Universidade de Londres, especializado em políticas de asilo. Lembro do dia em que o conheci. Ainda estudante de jornalismo, Bonis insistiu até que eu o recebesse na redação. Estava decidido a conseguir um emprego em CartaCapital. A insistência acabou recompensada. Em pouco tempo, revelou uma maturidade incomum, sólida formação e talento raro. Não me surpreendeu a decisão de trocar o Brasil por uma temporada de estudos no exterior e muito menos a escolha de aceitar o desafio de uma ONG inglesa para atuar no campo de refugiados de Idomeni, pequena aldeia grega na fronteira com a Macedônia.

O livro é um relato cru e preciso do cotidiano de homens, mulheres e crianças confinados em uma espécie de limbo, divididos entre as lembranças dos horrores da guerra, da fome e da desagregação e a esperança de sobrevivência e de reencontro. Espremidos pela crueldade de quem os expulsou de casa e a intolerância de quem não aceita abrigá-los em "sua terra". Depauperados, famintos, abandonados, tragicamente humanos.

Esta obra renova as esperanças de quem se recusa a aceitar o ocaso do jornalismo. Como uma fênix, ele renasce cada vez que alguém se propõe a dividir uma história com os leitores. E ressurge vigoroso, inegavelmente essencial para a compreensão do mundo a nossa volta. E não é essa a razão da própria existência: entender, antes de tudo?

O que significa ser um refugiado?

Erika Sallum

Conflitos e perseguições têm forçado mais gente a deixar suas casas do que em qualquer outra época desde que a AC-NUR, a agência das Nações Unidas para refugiados, começou a coletar informações sobre o tema, nos anos 1950. Dados do fim de 2015 mostraram que, pela primeira vez na história da ONU, o número de "deslocados" ultrapassou os 60 milhões. Mais precisamente, existem hoje cerca de 65,3 milhões de pessoas "deslocadas" de suas casas à procura de mais segurança – isso equivale, em média, a 24 seres humanos fugindo por minuto, quatro vezes mais que na década anterior. Dentre esses 65,3 milhões, cerca de 21,3 milhões enquadram-se na definição internacional de "refugiados", dos quais metade tem menos de 18 anos (sendo 98.400 desacompanhados dos pais ou parentes).

As estatísticas assustadoras não param por aí: ainda segundo a agência, até 2015, a cada 113 pessoas no planeta, uma é refugiada, deslocada interna ou solicitante de asilo. Se contabilizarmos o número de refugiados, deslocados internos e solicitantes de asilo, temos uma população maior que a de países como a França. Nada menos que 53% dos refugiados existentes no mundo hoje vêm de apenas três países: Somália, Afeganistão e Síria. E, diferentemente do que muita gente é levada a crer devido à divulgação de fotos e notícias sobre pessoas tentando chegar à Europa, a vasta maioria dos refugiados não se encontra no continente: 85% dos que estão sob o mandato da UNHCR vivem em países em desenvolvimento – a exemplo do Líbano, onde há um refugiado a cada 5 habitantes, colocando-o na liderança das nações que mais abrigam esse grupo em relação a sua população[1].

Como já declarou o coreano Ban Ki-Moon, ex-secretário-geral da ONU, "os números são desconcertantes. Cada um deles representa uma vida humana. Mas não se trata de uma crise de números. É uma crise de solidariedade"[2].

Curiosamente, por outro lado, nunca estivemos tão conscientes sobre a existência dessas pessoas, já classificadas de "umas das mais vulneráveis" do planeta pelo português António Guterres, ex-alto comissário das Nações Unidas para os refugiados e atual secretário-geral da ONU[3]. Nunca houve tantos dados e pesquisas, de órgãos governamentais e ONGS, envolvendo indivíduos em fuga tentando proteger a própria vida. Poucas vezes a mídia do mundo todo deu tanto espaço para o martírio de sírios, afegãos, africanos e muitos outros que se arriscam na tentativa de chegar à Europa. Como diz a expressão popular, "o elefante está na sala", e a ele não se pode mais ignorar – ainda mais na era das redes sociais, das notícias postadas em velocidade recorde, das fotos de celular que tudo captam.

---

1. Edwards, Adrian. *Global forced displacement hits record high*. unhcr.org/ (20 de junho de 2016)| e ACNUR: *Deslocamento forçado atinge recorde global e afeta 65,3 milhões de pessoas;* nacoesunidas.org; 20 de junho de 2016.

2. *Chefes da ONU pedem mais solidariedade com as pessoas forçadas a se deslocar;* nacoesunidas.org/; 7 de outubro de 2016.

3. ACNUR, *Global Trends – Forced Displacement in 2015*.

Mas o que exatamente significa ser um refugiado? Quem deve protegê-lo quando seu próprio Estado torna-se o algoz ou incapaz de fazê-lo? Qual a diferença entre refugiado, deslocado interno e imigrante (aliás, isso importa mesmo?)? Quando a comunidade internacional se omite e vira as costas para uma das maiores e mais delicadas crises do mundo contemporâneo, a quem essas pessoas podem recorrer?

Como já afirmou a própria ACNUR, a prática de conceder asilo em terras estrangeiras a pessoas que estão fugindo de perseguição é "uma das características mais antigas da civilização, e há referências a isso em textos escritos há mais de 3.500 anos"[4]. Entretanto foi só após a Primeira e a Segunda Guerra Mundial que a comunidade internacional, em conjunto, decidiu se unir para desenvolver documentos que estabelecessem alguns princípios comuns sobre o tema, em uma tentativa de, pelo menos em teoria, amenizar o problema. De acordo com os documentos da ONU:

Refugiado é toda pessoa fugindo de conflitos armados, violência generalizada e violações graves de direitos humanos em seu país. Sua situação é tão frágil e insuportável que ela se vê obrigada a cruzar as fronteiras de seu Estado para buscar abrigo em outra nação. E é exatamente isso que a define como refugiada: devido a um *fundado temor* de perseguição por motivos de raça, nacionalidade, opinião política ou participação em grupos sociais, essas pessoas não podem (ou não querem) voltar para casa. Ao chegar a outro país, o refugiado deve pedir asilo às autoridades locais. Até o final de

---

4. ACNUR, *Deslocando-se através das fronteiras*. goo.gl/149XIt; 2016.

2015, segundo a ONU, cerca de 3,2 milhões de pessoas eram **solicitantes de asilo** (outro número recorde)[5].

Quando não se chega a ultrapassar as fronteiras e se permanece dentro do território nacional, então o termo muda: trata-se de uma pessoa *deslocada interna* (tradução meio estranha do termo em inglês *internally displaced people*). Segundo a ONU, existem 40,8 milhões de deslocados internos no mundo (dados do fim de 2015), o maior número já registrado na história[6].

A grande parte dos deslocados internos vive na Colômbia (essa população foi criada ao longo da guerra civil do país), Síria e Iraque. E, ainda que se sintam perseguidos e ameaçados, estão sob a jurisdição de seus governos e da ACNUR – e outros países não podem acessá-los sem o consentimento das autoridades locais, o que deixa o deslocado interno em uma situação de extrema fragilidade. Com 6,6 milhões de deslocados internos desde o início da guerra, a Síria é um triste exemplo dos desafios que a ajuda humanitária têm enfrentado para chegar aos civis – o que levou, em janeiro de 2016, à divulgação de um apelo internacional assinado por mais de 120 organizações não-governamentais e agências da ONU para que o acesso à população seja possível e imediato.

Já *migrantes* são aqueles que se mudam (de região ou país) não em razão de perseguições ou ameaças, mas principalmente para melhorar de vida por meio de, por exemplo, um novo trabalho, estudos ou relações pessoais. Assim sendo, saem voluntariamente de seus países e para eles podem vol-

---

5. *Tendências Globais sobre refugiados e outras populações de interesse do* ACNUR; goo.gl/OtMEzV

6. Ibid.

tar quando quiserem. Cada país possui suas próprias leis em relação a imigrantes, porém quando a pessoa em fuga se enquadra nas definições de refugiada, os governos signatários das convenções relativas ao tema têm a obrigação de respeitar não apenas a legislação interna como também as normas internacionais referentes ao assunto. Por isso é essencial distinguir um imigrante de um refugiado assim que ele chega a uma nova fronteira; e por isso tantos países europeus vêm incorretamente apontando os milhares de refugiados em situação de fuga e perigo que têm aparecido em suas fronteiras como uma "crise de migração econômica", em uma tentativa de se eximir das responsabilidades adquiridas quando assinaram os documentos internacionais. Dados da ACNUR são claros em mostrar que a imensa maioria dos passageiros dos barcos que têm tentado cruzar o Mar Mediterrâneo nos últimos anos é composta por sírios, afegãos, iraquianos e nacionais de outros países em conflito, e que não podem retornar a suas casas e devem receber proteção internacional[7].

Esses documentos internacionais chancelados pela ONU englobam, basicamente, dois principais acordos sobre refugiados: a Convenção Relativa ao Estatuto dos Refugiados, de 1951; e o Protocolo Relativo ao Estatuto dos Refugiados, de 1967.

A convenção foi criada no período do pós-Guerra, quando os países arrasados pelos conflitos que destruíram boa parte da Europa e outras nações, como o Japão, decidiram se reunir para desenvolver melhor mecanismos comuns que impedissem o recrudescimento da violência em seus territórios e defendessem os direitos de quem não pode mais contar

---

7. Refugees/Migrants Response – Mediterranean: goo.gl/MQ6I6B

com a proteção do próprio Estado. Sua base provém de antigos documentos internacionais sobre refugiados e, principalmente, do artigo 14 da Declaração Universal dos Direitos Humanos, proclamada pela ONU em 10 de dezembro de 1948, que diz que "toda pessoa, vítima de perseguição, tem o direito de procurar e de gozar de asilo em outros países". No segundo parágrafo do artigo, a Carta determina que "esse direito não pode ser invocado em caso de perseguição legitimamente motivada por crimes de direito comum ou por atos contrários aos propósitos e princípios das Nações Unidas" – ou seja, criminosos fugitivos não se enquadram na definição de refugiados.

Ratificada por 145 países, a Convenção adotada em 1951 (e que entrou em vigor em 1954) ainda é o principal documento internacional em defesa do refugiado hoje. Além de definir o termo "refugiado", descreve os direitos dos deslocados e aponta algumas condutas que os Estados deveriam tomar (apesar de fazer referência ao refúgio, os dois documentos não tratam claramente da concessão de refúgio). Um dos princípios mais importantes da Convenção de 1951 é o do *non-refoulement* (não devolução), que afirma que nenhum refugiado deve ser deportado ao seu país natal caso esteja correndo risco de morte ou sofrendo ameaças contra suas liberdades individuais. Segundo a ACNUR, a Convenção deve ser aplicada sem discriminação por raça, religião, sexo ou país de origem[8].

---

8. Acnur, *O que é a Convenção de 1951?*, goo.gl/S80EG1.

Pensada para incluir pessoas que se tornaram refugiadas em decorrência de conflitos ocorridos antes de 1º de janeiro de 1951 (em uma tentativa de limitar a ajuda aos afetados apenas pela Segunda Guerra), a Convenção de 1951 precisou ser ampliada quando a comunidade internacional não pôde mais virar os olhos para o surgimento de novas ondas de deslocados mundo afora. Surgiu assim o Protocolo de 1967, no qual os países signatários devem aplicar o que está no texto de 1951, agora sem limites de datas ou localização geográfica. E, de acordo com esses documentos, é a ACNUR a responsável por fiscalizar os direitos dos refugiados, ainda que o órgão não possua poder supranacional e tenha de respeitar e trabalhar em parceria com os governos de cada país. Cabe aos Estados reconhecer legalmente um refugiado, mas a agência da ONU conduz esse processo em diversos países que não possuem condições ou não desejam realizar o procedimento por conta própria.

O Protocolo de 1967 surgiu para acudir uma nova onda de crises de refugiados pós-Segunda Guerra, dentro e fora do continente europeu. Os movimentos de descolonização da África nos anos 1950 e 1960, impulsionados pela queda do poder da Europa, levaram milhões de pessoas a se deslocarem. A separação do Paquistão da Índia, no fim dos anos 1940, provocou uma avalanche de gente atravessando as novas fronteiras traçadas na Ásia. Guerras de independência obrigaram outras levas de humanos a abandonarem seus lares – só a Guerra da Biafra, que assolou a Nigéria em 1967, deslocou 2 milhões de pessoas dentro e fora do país.

Acompanhando a expansão dessas crises, a ACNUR passou a atuar no mundo todo, e não mais apenas na Europa: hoje a agência está presente em 128 países, possui 10.700 integrantes e viu seu orçamento anual inicial de us$300 mil, em 1950, saltar para us$5,3 bilhões, em 2013[9].

Organizações não-governamentais também tomaram para si parte desse papel e hoje se tornaram atores importantes, a exemplo da Refugees International, do Comitê Internacional da Cruz Vermelha, do International Rescue Committee, entre outras.

Com o aparecimento de outros conflitos – em especial o elevado número de guerras civis desde os anos 1990 que estouraram com o fim da Guerra Fria – e, por consequência, outras ondas de deslocados, a ACNUR e os países integrantes da ONU vêm enfrentando novos desafios, em especial em relação à determinação de quem se enquadra na definição de refugiado. O termo *fundado temor* (de ser perseguido por motivos de raça, religião, nacionalidade ou opinião política...) envolve elementos objetivos, porém também subjetivos, por isso exige que cada caso seja analisado individualmente. O que é um temor para uma pessoa pode não ser para outra. Além disso, não existe uma definição universal e exata para, por exemplo, a palavra "perseguição".

Como aponta a ACNUR, "devido às variações dos perfis psicológicos dos indivíduos e às circunstâncias de cada caso, as interpretações sobre o conceito de perseguição podem variar"[10]. Assim, as autoridades que analisam o pedido de asilo devem entender o contexto geográfico, social e político, além da história pessoal de cada indivíduo. E, apesar de a Convenção de 1951 e o Protocolo de 1967 não se referirem

---

9. UNHCR: Figures at glance; goo.gl/yaTtsf
10. Acnur, *Manual de procedimentos e critérios para a determinação da condição de refugiado.*

explicitamente em proteger pessoas fugindo de guerras ou torturas, outros documentos (como a Convenção contra Tortura de 1984) e o direito internacional começaram a incluir esses casos para ajudar a definir se uma pessoa é ou não refugiada. A questão da orientação sexual também passou a integrar as discussões internacionais: uma pessoa perseguida em seu país por ser LGBTI ("I" aqui englobando o termo "intersexo") pode ser classificada de refugiada? Segundo diretrizes dos Princípios de Yogyakarta, adotados por um painel de especialistas em 2007, "toda pessoa tem o direito de buscar e de desfrutar de asilo em outros países para escapar de perseguição, inclusive de perseguição relacionada à orientação sexual ou identidade de gênero"[11] – e, ainda que esse documento não seja vinculante, ele reflete princípios já consolidados do direito internacional. Há inúmeros casos de indivíduos homossexuais que receberam o status de refugiado em países europeus porque em seus países de origem o homossexualismo é um crime passível de pena de morte.

São muitos os desafios da comunidade internacional diante das incessantes crises de deslocamento forçado. Conflitos geradores de refugiados como os da Síria, e outros que não ganham tanto as páginas dos jornais (como os Tamils que fugiram do Sri Lanka ou a perseguição da minoria étnica muçulmana dos rohingya em Myanmar), colocam à prova a real capacidade de os países ajudarem quem bate à porta porque já não pode mais voltar para sua casa. Como afirmou Filippo Grandi, atual alto comissário da ONU para os refugiados em um discurso para o European Policy Center, em dezembro de 2016, "no front dos refugiados, nós precisamos

---

11. Ibid.

Figura 1 – *Médicos e enfermeiros voluntário trabalhavam em ritmo intenso na noite de 9 de outubro de 2015 para atender centenas de refugiados que passavam por Idomeni rumo ao norte da Europa.*

de ações imediatas e robustas para evitar uma 'corrida para o abismo' na qual os países renunciem a medidas comuns ao passarem a acreditar que apenas soluções nacionais funcionem"[12]. A hora de agir é agora. Daí a importância crucial de livros como este, que traz um testemunho comovente de quem tem visto de perto uma das piores e mais vergonhosas crises da humanidade.

---

12. Grandi, Filippo. *Protecting refugees in Europe and beyond: Can the EU rise to the challenge?*, 5 de dezembro de 2016.

Refugiados de Idomeni

Um começo

No início de outubro de 2015, eu me mudei da capital da Bósnia-Herzegovina, onde pesquisava alguns grupos específicos de refugiados nos Bálcãs e gravava um documentário sobre os 20 anos do cerco de Sarajevo, para Salônica, no norte da Grécia. Na segunda maior cidade grega, eu acompanharia *in loco* os efeitos naquela parte da Europa da mais intensa crise de refugidos desde a Segunda Guerra Mundial.

Salônica fica a cerca de 80 quilômetros de distância do vilarejo de Idomeni, na fronteira com a Antiga República Iugoslava da Macedônia, o então ponto inicial da chamada "rota dos Bálcãs", por onde milhares de refugiados, maioria sírios, seguiam rumo aos países mais desenvolvidos do continente em busca de proteção internacional. A crise atingira o seu auge naquele mês, quando mais de 211 mil pessoas entraram na Europa pela costa grega, via o Mar Egeu. Ou seja, mais de 6,8 mil por dia[1].

Em Salônica era possível perceber uma extensa mobilização social para ajudar os refugiados. Movimentações semelhantes também ocorreram em outras partes da Grécia. Como Salônica é muito próxima de Idomeni, diversos grupos sociais voluntários aderiram à causa. Eles coletavam e organizavam doações locais e depois distribuíam na fronteira.

---

1. ACNUR (2016c) *Refugees/Migrants Emergency Response — Mediterranean/Greece*. Disponível em: goo.gl/To5TfY (Acesso: 29 de novembro de 2016).

Por sete meses investiguei a estrutura de mobilização de cinco desses grupos sociais e seus esforços e desafios para fornecer ajuda humanitária a refugiados em Idomeni. Minha pesquisa de campo estava associada à uma organização britânica especializada em assistência jurídica gratuita para solicitantes de asilo no Reino Unido e gestora de um vasto banco de dados online com materiais para profissionais do setor sobre como abordar casos de refúgio em diversas partes do mundo.

Entre outubro de 2015 e maio de 2016, acompanhei o trabalho destes grupos em Salônica. Eu pude me envolver em diversos níveis de suas atividades, auxiliando em tarefas como a separação de roupas, sapatos e comida para refugiados, questões logísticas e de distribuição de doações, no preparo de alimentos e gestão de uma cozinha comunitária em Idomeni. Em tempo quase integral naquele ambiente, consegui entender o movimento por dentro: observando seus temores, conflitos e as motivações daqueles atores humanitários.

No mesmo período, estive muitas vezes em Idomeni com três dos meus grupos de estudo em suas operações. Logo, tive a oportunidade de interagir com milhares de refugiados. Como pesquisador, pude entrevistá-los, e procurei também ajudar dentro das atividades conduzidas pelos grupos sociais. No vilarejo grego, observei o trabalho e os desafios e conversei com outros grupos independentes e organizações humanitárias profissionais, como a Cruz Vermelha e Médicos Sem Fronteiras.

Naqueles sete meses, Idomeni e seus atores humanitários mudavam rapidamente. Em outubro e novembro de 2015, o perfil dos refugiados passou de uma maioria de homens jovens saudáveis para uma população majoritária de mulheres, idosos e crianças, muitos deles com doenças crônicas no período final da rota dos Bálcãs, em março de 2016. O centro de transição montado no vilarejo para auxiliar os refugiados em sua jornada evoluiu do aglomerado inicial de tendas improvisadas para estruturas temporárias que incluíam até uma clínica médica, mas não resistiu à lógica das fronteiras fechadas, que o arrastou ao caos, como veremos neste livro.

Algumas das centenas de histórias coletadas em minha pesquisa em Diavata, Idomeni, Oreokastro, Polykastro e Salônica, além de diversas entrevistas com atores humanitários profissionais, voluntários, membros de organizações sociais e habitantes do vilarejo, foram reunidas neste livro para reconstruir a linha do tempo do centro de transição de Idomeni, desde o seu nascimento até o seu fim. E, a partir daquele acampamento informal que transformou um pequeno e isolado povoado grego em um dos epicentros de uma emergência global, narrar um pedaço da crise migratória que atingiu a Europa pelos olhos de suas vítimas, de atores humanitários e de moradores de áreas afetadas.

Este livro não tem como objetivo fazer uma crítica aprofundada sobre a maneira como a União Europeia lidou com a crise dos refugiados. O que eu quis, quando o escrevi, foi recontar narrativas de indivíduos e famílias que abandonaram seus países de origem devido a conflitos e perseguições político-religiosas (entre outros tipos de perseguição) em busca de proteção no exterior, além de histórias de quem os ajudou *in loco* no norte da Grécia e de como a crise afetou os moradores de Idomeni.

Figura 2 – Foto: Ben White/CAFOD, outubro de 2015.

Em alto mar

Eram duas horas da madrugada quando o bote inflável partiu da costa da Turquia levando 45 pessoas a bordo. Quinze delas eram crianças. A escuridão serviria como camuflagem, escondendo a embarcação de borracha das autoridades turcas no trajeto rumo à Grécia pelo Mar Egeu. Era fevereiro de 2016. A força das ondas castigava intensamente a frágil embarcação, despertando em Rami[1] algo além da ânsia que subia por seu estômago. O pavor sentido por ele provavelmente também tomava outros passageiros do "barco".

"Tudo o que se via é água. Não se avistava ninguém por horas", contou o sírio de 18 anos.

Boiando sob o chacoalhar das ondas, na sombra da noite, Rami acreditou, contudo, ter visto uma pessoa "dormindo no mar", a poucos metros de distância do bote. Não seria uma cena surpreendente em uma rota na qual o mar se transformou em cemitério para milhares de refugiados.

"A viagem de barco é muito perigosa", ele enfatizou.

---

1. O nome do refugiado não foi revelado por completo para proteger sua identidade.

E os riscos são ainda maiores para os passageiros de embarcações não projetadas para longos percursos em alto-mar. Naquele bote, algumas mulheres e crianças choravam assustadas, enquanto outros viajantes tentavam encontrar uma posição confortável. Amontoados e tensos, todos vestiam jaquetas flutuantes, mas o acessório não era o bastante para que se sentissem seguros.

"O estado do bote era muito ruim", lembrou Rami.

Os números ilustram a dimensão dos problemas daquela jornada: de acordo com a Organização Internacional de Migração (OIM), 5,143 pessoas morreram ou desapareceram tentando chegar a solo europeu pelo mar em 2016, contra 3,777 em 2015[2]. Pelas rotas em direção ao litoral da Grécia, 856,723 mil refugiados entraram na Europa em 2015, de um total de 1 milhão que chegou ao continente pelo Mediterrâneo e pelo Mar Egeu[3]. Em 2016, as novas entradas somaram 361,709 mil pessoas, das quais mais de 173,447 mil chegaram pelo litoral grego, segundo o ACNUR, a agência da ONU para refugiados[4]. A maioria dos refugiados veio do Afeganistão, do Iraque e da Síria, que enfrenta uma guerra civil desde 2011.

O bote que trazia Rami entrou em águas europeias sem ser interceptado, evitando que seus passageiros fossem enviados de volta à Turquia. Até então, aquela embarcação, que poderia naufragar tão facilmente caso perfurada, havia resistido à força das ondas. Foi uma pequena vitória, embora não houvesse motivos para comemorar. A segurança nas

---

2. Organização Internacional de Migração (2017) *Missing migrants project*. Disponível em: goo.gl/wF40Lo (Acesso: 17 de Junho de 2017).

3. ACNUR (2017) *UNHCR refugees/migrants emergency response — Mediterranean*. Disponível em: goo.gl/31yJ59 (Acesso: 08 de Janeiro de 2017).

4. Ibid

terras do Velho Continente ainda não estava garantida, conforme ficou claro quando o "barco" enfrentou, algum tempo depois de atingir a metade do caminho, talvez o seu maior desafio para evitar a deriva.

"O mar estava violento e o bote seguia em linha reta. De repente, ele começou a rodar", descreveu Rami, e continuou,"Foram cinco giros. Pensei que o bote fosse afundar".

Os gritos de desespero, disse, tomaram conta dos passageiros. "Estava assustado porque tinha meus primos comigo. Minha mãe chorava", contou. "Achei que iria morrer. Então pedi para que minha namorada se cuidasse caso isso acontecesse."

O bote não afundou naquele momento porque o "capitão" conseguiu retomar o controle do motor, mas ele sucumbiria poucas horas depois quando a água invadiu o "barco"através das perfurações no assoalho de plástico.

Às sete da manhã, após cinco horas em alto-mar, o bote começara a afundar no sul da Grécia. A marinha grega evitou dezenas de mortes ao resgatar os passageiros e levá-los para Mytilini, a capital da ilha de Lesbos, um famoso destino de turistas europeus. Começava ali a jornada daqueles 45 indivíduos na Europa.

Em Lesbos, e nas demais ilhas onde os botes chegassem, as autoridades eram obrigadas por regulações da UE a registrar os refugiados e a capturar suas impressões digitais, que seriam compartilhadas com outros países do bloco por um banco de dados comum. Depois do procedimento, eles poderiam seguir de balsa para a capital Atenas.

Rami, sua mãe, o tio e os dois primos (dois garotos de quatro e seis anos) precisavam chegar o quanto antes a Idomeni, no norte da Grécia e fronteira com a Antiga República Iugoslava da Macedônia. Aquele era o primeiro país da chamada "rota dos Bálcãs", um trajeto pelo qual refugiados cruzavam também Sérvia, Croácia, Eslovênia e Áustria para chegarem à Alemanha, destino almejado pela maior parte deles.

A rota mais curta, contudo, havia sido interrompida em outubro de 2015 quando a Hungria terminou de erguer cercas em suas divisas com a Sérvia e a Croácia para impedir a entrada de refugiados em seu território[5].

A decisão húngara e os diversos indícios de que Alemanha e Suécia estavam à beira de atingir os limites de suas capacidades para receber solicitantes de proteção internacional forneciam fortes evidências de que a rota dos Bálcãs seria fechada a qualquer momento. Ainda assim, Rami e sua família decidiram parar na cidade de Kozani, no norte grego, por cinco dias. A escolha se provou equivocada pouco tempo depois.

A porta de entrada dos refugiados para os países mais desenvolvidos da Europa era um vilarejo tranquilo e isolado, a 86 quilômetros de distância de Salônica, a segunda maior cidade da Grécia. Idomeni é um povoado rural onde, segundo o censo de 2011[6] , vivem 154 pessoas que cultivam pequenas plantações de berinjelas, melancias, tomates e repolhos, além de uma extensa produção de milho, espalhada por longos lotes de terra.

---

5. Anistia Internacional (2015) *Hungary: EU must formally warn Hungary over refugee crisis violations*. Disponível em: goo.gl/STECa4 (Acesso: 12 de outubro de 2016).

6. Press Office of the Spokesperson for the Management of the Refugee Crisis, (2016). *Request for comments on Idomeni and refugees in Greece — Brazilian Book*. [email].

O lugarejo contrasta com os 2,3 milhões de habitantes que Aleppo, a maior cidade da Síria e antigo centro econômico-industrial do país, chegou a ter em 2005. Para escapar da guerra naquela metrópole, Rami percorreu 1,8 mil quilômetros até Idomeni, onde uma simples cerca de arame farpado interrompeu a jornada de um jovem que havia sobrevivido a estilhaços de bombas em uma zona de conflito e à travessia do Mar Egeu.

"Quando chegamos em Idomeni, não nos deixaram seguir viagem", contou o sírio.

Em 9 de março de 2016, a República da Macedônia fechou completamente a sua fronteira com a Grécia para refugiados, deixando milhares de pessoas presas em um dos piores acampamentos de refugiados da Europa. Aquele era o último suspiro da rota dos Bálcãs, cimentada dois dias antes pelo polêmico acordo da UE com a Turquia para que o país receba de volta todos "os migrantes que não necessitem de proteção internacional" chegando ao litoral grego.

Ancara também aceitou receber todos os indivíduos interceptados em suas águas e concordou com a atuação da OTAN no Mar Egeu e em apertar o cerco contra o tráfico de pessoas[7] .

Em 17 de março, o acordo foi estendido para que todos os "migrantes irregulares" que chegassem às ilhas gregas a partir de 20 de março de 2016 e não solicitassem asilo nelas fossem retornados à Turquia.[8] Ficou definido ainda que,

---

7. European Council — Council of the European Union (2016) *EU-Turkey statement, 18 march 2016.* Disponível em: goo.gl/wtkMTx (Acesso: 30 de novembro de 2016).

8. Ibid.

para cada sírio enviado das ilhas gregas para a Turquia, um outro seria reassentado na UE até um número máximo de 72 mil. A Turquia receberá do bloco 6 bilhões de euros até 2018 para lidar com os refugiados[9].

"A vida em Idomeni é como o inferno", destacou Rami. "Se você deseja morrer, pode ir para lá", prosseguiu.

O local foi comparado, inclusive, a campos de concentração nazistas pelo próprio ministro do Interior grego, Panagiotis Kouroublis, que não hesitou em chamá-lo de Dachau moderno[10] "um resultado da lógica das fronteiras fechadas". "Qualquer um que vier aqui sentirá vários socos no estômago", disse ele após uma visita em 18 de março. Uma declaração que o governo grego classificou como "infeliz",[11] mas que não o foi.

Naquele momento, as condições de vida em Idomeni eram descritas como "abismais" e "insuportáveis" por ACNUR[12] e pela ONG Anistia International[13] , respectivamente. A situação degradava-se com rapidez. A chuva quase constante de fevereiro e março transformara em um imenso lamaçal os campos, até então utilizados para plantações, mas que àquela altura haviam sido tomados por uma imensidão de barracas de acampamento a abrigar milhares de pessoas.

---

9. European Commission (2016b) EU and turkey agree European response to refugee crisis — European commission. Disponível em: goo.gl/e2naq4 (Acesso: 30 de novembro de 2016).

10. Campo de concentração na Alemanha nazista. goo.gl/FkJbyu

11. Press Office. Request for comments on Idomeni. [email].

12. ACNUR (2001) Greece: UNHCR concerned at conditions in new refugee sites and urges that alternatives be found. Disponível em: goo.gl/Ac7wv2 (Acesso: 12 de outubro 2016).

13. Anistia Internacional (2016b) Refugees shamefully trapped in Greece — amnesty urgent actions. Disponível em: goo.gl/BMa3Ak (Acesso: 12 de outubro de 2016).

Com as mãos e a ajuda de um pedaço de madeira, uma mulher cavava uma vala ao redor de sua pequena tenda. Era assim que os refugiados tentavam evitar que seus abrigos tão precários alagassem. A água seguiria o caminho cravado no chão, escorrendo para longe das tendas. Mas isso não bastava para mantê-las secas.

"Nossa barraca ficava molhada porque chovia demais. E não havia espaço para todo mundo nela. Era muito frio e tive que passar três dias dormindo do lado de fora", Rami contou.

Pelas ruelas de terra batida e sem nome, roupas e cobertores abandonados acumulavam-se em grande número. Dividiam espaço com garrafas plásticas, sapatos e outros dejetos que transbordavam de algumas caçambas. No chão, um rastro de, entre outras coisas, fraldas sujas e restos de alimentos. O vento constante, ao menos, dissipava o forte cheiro de urina e podridão.

Algumas dessas ruas foram criadas para receber um centro de transição erguido em setembro de 2015 pela organização francesa Médicos Sem Fronteiras (MSF). Parte delas surgiu do aterro de áreas antes destinadas a plantações.

O enceramento da rota dos Bálcãs marcou a terceira vez em que as portas do norte da Europa fecharam-se para os refugiados em Idomeni. Após a República da Macedônia, a Croácia e a Eslovênia selarem definitivamente suas fronteiras para os refugiados vindos da Grécia, o centro de transição construído para abrigar temporariamente cerca de 1,5 mil pessoas entrou em colapso. Em março de 2016, o local havia se transformado em um campo não oficial de refugiados, com o MSF[14] e o Conselho Dinamarquês para Refugiados[15] (Danish Refugee Council, em inglês) estimando sua população em 14 mil pessoas. O governo grego, entretanto, contestou esses números e reconheceu que "apenas" 8,5 mil estavam no centro no momento da sua evacuação final, em 26 de maio[16].

Quando chegou a Idomeni, no começo de março, Rami passou a integrar essa superpopulação que se aglomerava a poucos metros das cercas que a separavam do território macedoniano, em uma área de aproximadamente 11 campos de futebol com as dimensões do Maracanã. Ali, milhares de pessoas enfrentavam temperaturas congelantes e ventos intensos na esperança de que as fronteiras voltassem a se abrir em algum momento.

Naquela pequena cidade de barracas de plástico forjada rapidamente, a vida seguia como se exemplificada no improviso de cabos pendurados entre uma tenda e outra, ou entre postes de eletricidade, para servir como varal de roupas. As cercas no entorno da linha do trem que corta Idomeni também enchiam-se de trajes e cobertores molhados aguardando uma fresta de sol no céu quase sempre nublado e chuvoso.

Nem todas as nuvens cinzentas sob Idomeni eram naturais.

---

14. MSF International. 2016. *#Greece: Around 14,000 migrants 15 refugees are currently trapped in #Idomeni. We did over 2,000 medical consultations in one week in ×MSF [Twitter]*. 8 de março. Disponível em: goo.gl/jrXqQM [Acesso: 12 outubro de 2016].

15. Conselho Dinamarquês para Refugiados (2016) *Summary of regional migration trends middle east (march, 2016)*. Disponível em: goo.gl/ZFM9V0 (Acesso: 12 de outubro de 2016).

16. Press Office. *Request for comments on Idomeni*. [email].

Massas de fumaça negra circulavam sobre o centro de transição dia e noite. O ar pesado, quase sempre carregado de fuligem, era o efeito mais evidente da falta de abrigo adequado durante o outono e o inverno europeu. Do lado de fora das poucas tendas do MSF equipadas com sistemas de aquecimento, os refugiados queimavam tudo o que pudessem encontrar para se manterem aquecidos. Vasculhavam as caçambas de lixo em busca de caixas de papelão ou as pediam a funcionários de organizações humanitárias. Muitos cortaram árvores nas redondezas do vilarejo para alimentarem suas fogueiras. À maioria que não conseguia esses materiais, restava apenas queimar roupas, calçados e garrafas de plástico para evitar a hipotermia.

Tossir era quase sempre inevitável. Por vezes, o ar continha um odor tóxico, como se viesse do escapamento de um carro com o motor à beira do colapso. Outras vezes, cheirava a pneus incendiados em algum protesto. Esses cheiros agarravam-se às roupas, mesmo após serem lavadas diversas vezes.

Aos poucos, o sonho de cruzar a fronteira tão próxima foi desbotando-se com as evidências de que a Europa buscava construir ainda mais muros – físicos e políticos – para dificultar a chegada de refugiados ao continente. Isso havia ficado claro poucas semanas antes da chegada de Rami a Idomeni, quando as autoridades da República da Macedônia impuseram um rígido controle fronteiriço. Passaram a exigir passaportes dos refugiados e a impedir a entrada de sírios não provenientes de áreas em intenso conflito. Damasco, por exemplo, era considerada minimamente segura. Logo, refugiados vindos da capital síria não eram, em geral, autorizados a acessar o território macedoniano via Idomeni.

Rapidamente, o número de pessoas liberadas no vilarejo grego para seguir viagem pela rota dos Bálcãs caiu para apenas algumas centenas por dia. A fila de sírios aguardando na fronteira aumentou, como consequência. Ao menos, parte deles ainda poderia cruzar para a República da Macedônia, ao contrário de afegãos e iraquianos que, dias antes, passaram a não ser mais considerados como indivíduos em situação de emergência humanitária por países do norte europeu.

A espera era, contudo, angustiante e longa. Tão longa que a fronteira fechou por completo sem que Rami a cruzasse. Mas lá ele ficou com sua família por um mês pelo "sonho de ver a fronteira se abrir novamente".

O fim da rota dos Bálcãs criou um drama humanitário de largas proporções em Idomeni. O pequeno vilarejo tornou-se um limbo político de onde refugiados pareciam não ter como escapar. "A situação aqui é trágica [...] Não honra o mundo civilizado, não honra a Europa", afirmou Dimitris Avramopoulos, Comissário para a Migração, Assuntos Internos e Cidadania na Comissão da UE, em mais uma das visitas oficiais de autoridades europeias ao local[17].

O contraste entre o discurso humanitário de representantes da esfera política do continente e os esforços reais da UE para solucionar o problema era abismal. Por meses, o centro de transição funcionou à base de geradores que frequentemente sucumbiam. A água potável em alguns pontos do campo vinha de caixas d'água instaladas por atores huma-

---

17. European Commission (2016) *Commissioner Avramopoulos in Idomeni*. Disponível em: goo.gl/Mpe88n (Acesso: 15 de outubro de 2016).

nitários. O MSF precisou convencer as autoridades locais a fornecer ao menos água e eletricidade para facilitar as operações das ONGs.

As condições sanitárias nos acampamentos ao redor da fronteira eram péssimas. Com os banheiros químicos sempre imundos, não era incomum encontrar fezes ou urina pelo caminho. Muitos refugiados eram forçados a lavar suas roupas nas mesmas torneiras em que buscavam água para beber.

"Tudo lá era imundo. Ficamos sem banho por dez dias porque nunca havia água quente no chuveiro", disse Rami. "Não podíamos tomar banho gelado porque ficaríamos doentes", explicou. A família precisou adotar medidas extremas para manter as crianças saudáveis: "Cortei os cabelos dos meus primos com medo de que algum inseto começasse a viver na cabeça deles", revelou.

O governo grego nunca reconheceu o centro de transição como oficial. Eximiu-se da responsabilidade de melhorar as condições de vida do local, alegando não ter a intenção "de apoiar a criação de um centro de acomodação para refugiados em uma área de fronteira" que, segundo Atenas, não possuía condições para tal, mas "foi obrigado a tolerar a existência daquele acampamento" até que estivesse em uma posição de transferir seus residentes para abrigos "mais adequados"[18].

Foi em um destes abrigos "mais adequados" em Oreokastro, um dos centros de recepção oficiais próximos de Salônica, que Rami contou sua história. Ele é um jovem alto,

---

18. Press Office. *Request for comments on Idomeni.* [email].

Figura 3 – O lixo acumulava-se nas caçambas e no chão rapidamente.

magro, de cabelo escuro com as laterais raspadas bem curtas. Naquele dia, vestia uma regata branca que deixava à mostra tatuagens em um dos braços. A barba fina não escondia no rosto as marcas da adolescência.

Rami falava com desenvoltura em um inglês bem compreensível. Enquanto caminhava pelas ruelas do abrigo – um galpão escuro convertido às pressas para alojar 1,5 mil refugiados em tendas padronizadas – eventualmente ele parava para conversar com algum vizinho e, certa vez, pediu um cigarro a um conhecido. Sem conseguir o que queria, seguiu andando em direção a um portão de ferro. Era a entrada daquela antiga fábrica e de onde chegava a única fonte de luz natural do local naquele momento. Apresentou seus colegas, que aos poucos se dispersaram quando ele começou a falar sobre Aleppo.

Na metrópole síria, a vida era bem diferente daquela na tenda que dividia com a mãe, o tio, vítima de uma doença degenerativa, cuja evolução já o impedia de lembrar-se de quem era, e os dois primos, tão miúdos que poderiam ser carregados sem esforço com apenas um braço. A realidade em que se encontravam na Europa não fazia parte do imaginário de nenhum deles quando deixaram seu país de origem em janeiro de 2016.

Em Aleppo, a família morava em uma casa confortável. Tinha uma vida "boa", como disse Rami. Entretanto, em mais uma noite dos seis anos de guerra civil que destruíram o país, uma bomba atingiu a residência enquanto todos dormiam.

"Meu pai morreu enquanto o segurava em meus braços", disse Rami. Seu olhar parecia congelado.

Ele não tinha ideia de quem havia lançado a bomba, mas naquele período Aleppo era dividida entre grupos rebeldes e as tropas do presidente Bashar al-Assad, que desde 2013 usava as forças governamentais para realizar ataques aéreos devastadores na cidade. Aquela estratégia permitiu o avanço governista às custas de milhares de vidas de civis. A partir de outubro de 2016, Assad intensificou os bombardeios à cidade com o apoio militar da Rússia e de milícias patrocinadas pelo Irã, além de impor um cerco a Aleppo[19]. Em novembro, as

---

19. The Guardian (2016) *Aleppo must be 'cleaned', declares Assad, amid outcry over bloody siege*. Disponível em: goo.gl/hW2m4m (Acesso: 15 de outubro de 2016).

tropas do governo conquistaram áreas que antes estavam sob o poder rebeldes.

No fim de dezembro, o regime retomou o controle de Aleppo e, após um acordo entre as partes do conflito, dezenas de milhares de civis e também rebeldes puderam ser evacuados da cidade com a ajuda de organizações internacionais como o Comitê Internacional da Cruz Vermelha[20].

Rami deixou Aleppo meses antes da derrota dos rebeldes. Ainda na Síria, no entanto, ele entrou para uma estatística comum: juntou-se aos milhares de civis forçados a abandonar os estudos devido à falta de segurança. Ele cursava o primeiro ano da faculdade de Medicina. Na Europa, queria retomar os estudos para se tornar um médico generalista.

"Era o sonho do meu pai", revelou, com a voz embargada. "Antes de morrer, ele me pediu para não abandonar os estudos, para começar de novo."

Em Oreokastro, aquele parecia um sonho distante. Rami estava à salvo, mas ainda não havia conseguido recuperar o controle de sua vida.

---

20. BBC (2016) *What's happening in Aleppo?* Disponível em: goo.gl/lNt0Pi (Acesso: 8 de Janeiro de 2017) e BBC (2016a) *Aleppo battle: Syrian city 'back under government control'*. Disponível em: goo.gl/bc3H98 (Acesso: 8 de Janeiro de 2017).

Figura 4 – *Uma tenda vazia da Cruz Vermelha, iluminada apenas por uma luminária, em uma madrugada de outubro de 2015.*

A Primeira Fase

Ventava muito em Idomeni naquela noite de 9 de outubro de 2015 e aquela brisa quase congelante do outono europeu queimava os rostos desprotegidos, inclusive o meu. Era a minha primeira vez no centro de transição. O fluxo intenso de refugiados, voluntários e funcionários de ONGs lembrava o frenesi de um formigueiro.

As duas pistas estreitas da via de acesso ao local estavam congestionadas. Uma imensa fila de ônibus repletos de refugiados vindos de Atenas bloqueava completamente a faixa da esquerda. Os carros que entravam ou saíam do centro precisavam dividir a pista do lado direito, onde alguns carros estacionados estreitavam ainda mais aquele corredor.

Trezentos metros à frente, ao fim da estrada, avistava-se a linha de trem de cargas que marcava a entrada do centro de transição, erguido do outro lado dos trilhos. Ali, de forma descoordenada, diversos voluntários descarregavam de seus veículos sacolas e caixas cheias de comida e roupas e as distribuíam aleatoriamente. Outros traziam as doações para uma larga tenda gerida por voluntários ligados à ONG grega Praksis, onde seriam entregues aos refugiados de forma mais sistemática. O único sinal da presença do Estado eram alguns policiais em um pequeno container de metal.

Um por um, os ônibus eram autorizados a ingressar no centro. Os refugiados eram agrupados de acordo com o veículo em que estavam e cada grupo recebia uma numeração que os permitiria entrar na República da Macedônia juntos. Eles não poderiam cruzar a fronteira sozinhos. Essa estratégia fora acordada entre a Grécia e o antigo território iugoslavo para facilitar procedimentos fronteiriços e o registro de dados por ambos os países.

Ao saírem dos veículos, os refugiados eram direcionados por organizações internacionais, como o ACNUR, ou pela polícia grega para uma tenda de alimentos. Naquele trecho curto em que caminhavam, cruzavam poças de água suja e desviavam do lixo no chão. Embora muitos estivessem famintos, recebiam apenas uma porção de comida — na maioria das vezes macarrão ou arroz com lentilha e um ovo cozido —, uma garrafa de água e frutas. Durante toda a madrugada, a fila movia-se em um ritmo incessante para alimentar a grande quantidade de refugiados passando pelo centro. De forma caótica, voluntários de diversos grupos dividiam-se em turnos para manter a tenda funcionando, mas a desordem presente em todo o centro parecia não incomodar ninguém.

Os principais atores humanitários em Idomeni não tiveram ajuda logística e operacional do governo grego para realizar suas atividades no vilarejo, embora algumas tenham recebido fundos da UE. O MSF, entretanto, decidiu recusar novas doações do bloco e de seus países membros, alegando não ser possível aceitar dinheiro de Estados e instituições que estavam tentando "empurrar" pessoas em sofrimento para fora de seu litoral[1]. A coordenação do local foi assumida por ONGs, grupos organizados e voluntários, que bancaram também parte do custo financeiro da gestão do centro. Apesar do grande esforço coletivo, aquela seria uma tarefa complicada[2].

Antes de 20 de agosto de 2015, Idomeni recebia pouca atenção internacional. Esse cenário mudou quando, naquela data, a República da Macedônia fechou, pela primeira vez, sua fronteira para refugiados vindos da Grécia. O pequeno país dos Bálcãs enfrentava dificuldades para lidar com as cerca de duas mil pessoas que entravam diariamente em seu território pelo vilarejo grego.

A decisão provocou, imediatamente, conflitos intensos entre refugiados e a polícia macedoniana. As imagens de refugiados tentando vencer cercas de arame farpado improvisadas e as bombas de gás lacrimogênio lançadas por agentes daquele país repercutiram mundo afora.

O episódio trouxe fama global ao isolado vilarejo grego, embora ele já tivesse se consolidado como a porta de entrada para a rota dos Bálcãs desde 2014. Muito antes dos eventos de agosto, ONGs e grupos organizados atuavam na área de forma limitada, oferecendo assistência médica básica e alimentos. Um cenário que mudou após o aumento significativo do número de refugiados chegando à Grécia pelo

---

1. Médecins Sans Frontières (2016) MSF to no longer take funds from EU member states and institutions. Disponível em: goo.gl/dYfZVg (Acesso: 8 de novembro de 2016).

2. Isso ficou evidente nos sete meses em que atuei em Idomeni como pesquisador, estudando o centro de transição, seus "administradores" e seus atores humanitários.

mar (com ápice de mais de 221 mil em outubro de 2015[3]). Como Idomeni era parte central do trajeto da grande maioria dos refugiados, atores humanitários gregos e internacionais intensificaram presença na região, assim como voluntários de diversas partes do mundo atraídos pela recém adquirida fama do povoado.

Um centro de transição foi montado para oferecer abrigo temporário onde os refugiados poderiam descansar em tendas amplas, carregar seus celulares e utilizar a conexão wi-fi antes de seguirem viagem. Com a nova estrutura, MSF, Cruz Vermelha e a organização francesa Médicos do Mundo (MdM), além de outros atores, puderam melhorar a oferta de atendimento médico e social aos refugiados. O centro, porém, nunca foi planejado para abrigar residentes permanentes, como ocorreria meses depois.

Naquele 9 de outubro, e por muitos outros dias nos meses seguintes, não havia placas ou panfletos sobre os serviços oferecidos aos refugiados. A busca por ajuda era intuitiva: os refugiados iam onde viam algo que lhes interessava ou seguiam os gritos roucos dos voluntários, que tentavam por horas a fio organizar filas e oferecer suporte, mas muitas vezes sem conseguir lidar com pedidos básicos, como distribuir casacos.

Os ventos fortes criavam uma sensação térmica terrivelmente baixa. Jaquetas pesadas e resistentes à água eram itens muito procurados por refugiados, embora a tenda de roupas fechasse frequentemente antes do início da madrugada, deixando muitos sem vestimentas adequadas para en-

---

3. ACNUR (2016) UNHCR *refugees/migrants emergency response — Mediterranean.* Disponível em: goo.gl/31yJ59 (Acesso: 30 de setembro de 2016).

frentar o frio congelante. As rajadas de ar espalhavam também o cheiro forte de dejetos e podridão, em uma paisagem semelhante a de tantas áreas pobres de cidades brasileiras sem acesso à saneamento básico.

Em intervalos frequentes, o gerador barulhento de energia sucumbia deixando o centro de transição apenas sob a luz da lua. O escuro era o bastante para enxergar no céu as estrelas ofuscadas pelo brilho intenso das cidades. Próximo da meia-noite, encontravam-se fechadas as tendas de MSF e MdM, mas médicos e enfermeiros voluntários atendiam em uma barraca temporária, com a ajuda de luminárias, os pacientes que aguardavam em cadeiras de plástico e dois bancos de madeira.

Alguns passos adiante, um fecho de luz de uma lâmpada fluorescente de uma tenda vazia da Cruz Vermelha refletia a sombra da mesa no chão sujo de barro. O restante da escuridão encobria a barraca, embora ainda fosse possível ver, colocados nas paredes de plástico, desenhos deixados por crianças. Era uma paisagem sinistra, um lembrete sobre quem era afetado pela crise migratória.

O silêncio daquela cena fora interrompido pela voz de uma mulher.

"Vocês têm pilhas para lanternas?", ela perguntou, em um inglês perfeito — algo comum para a maioria dos sírios que passava por Idomeni naquela época. "As minhas acabaram", continuou.

O grupo de médicos e enfermeiros abordado havia trazido da cidade de Thermi, próxima a Salônica, diversos itens para doação, mas pilhas não faziam parte da lista.

"Tenho que iluminar o caminho pela [República da] Macedônia", insistiu a mulher. Os médicos não puderam ajudá-

-la. Estavam curiosos, contudo. "Como você chegou à Grécia? Quanto tempo levou?" questionou um membro do grupo.

"Demoramos um mês porque meu pai não pode andar", respondeu. "Tivemos dificuldades para movê-lo em uma cadeira de rodas." Era comum a presença de pessoas com deficiência física ou mobilidade limitada em Idomeni. Cadeiras de rodas, muitas delas improvisadas, sempre integraram a paisagem da rota dos Bálcãs. Em muitos casos, refugiados pediam ajuda a voluntários para carregar parentes debilitados até o lado macedônio.

Sem conseguir as pilhas, a mulher despediu-se rapidamente e seguiu rumo à Alemanha. Era a vez do seu grupo cruzar a fronteira.

Tentar manter juntos os membros dos grupos de refugiados era uma das tarefas desempenhadas pela Praksis. Cabia à ONG abrigá-los nas mesmas tendas, de onde seriam guiados para o lado macedônio quando seus números fossem anunciados. Naquelas tendas, cobertas pela poeira vermelha e sem aquecimento, centenas de pessoas com feições exaustas repousavam sob pedaços de papelão. Outras dormiam no chão de terra.

Conter os integrantes dos grupos no mesmo espaço provara-se uma tarefa complexa, pela qual fui responsável alguns dias após minha primeira visita a Idomeni. Um coordenador da Praksis definia onde cada grupo deveria ser alocado. A saída da tenda de alimentos era o ponto ideal para chamar pelos números. Posicionei-me ali, onde o vento era intenso. "Grupo xxxx", gritei diversas vezes ao longo da madrugada.

Figura 5 – *Área onde o centro de transição de Idomeni funcionou. No meio da imagem, está a linha do trem.* ©googlemaps

Figura 6 – *Vista aérea do centro de transição durante um período com grande concentração de refugiados. Os retângulos brancos são tendas do MSF. No topo direito da imagem está a parte principal do centro, enquanto no canto inferior encontra-se o "Campo B".* ©googlemaps

Aos poucos, os integrantes dos grupos reuniam-se na área indicada. Quando todos haviam se aglomerado, eram levados às tendas. Antes do nascer do sol, a maior parte dos voluntários não tinha mais voz, enquanto os refugiados pareciam confusos com a gritaria.

Durante sua existência, o centro de transição de Idomeni teve quatro fases claramente identificáveis[4] , todas elas marcadas por profundas transformações que ocorriam a cada fechamento da fronteira macedoniana, o que dava início a uma nova etapa do local. Esses ciclos traziam melhorias de infraestrutura e serviços, mas o centro parecia sempre sucumbir à alta demanda.

Naquele momento, Idomeni encontrava-se em sua primeira fase, quando ONGS e grupos organizados ainda montavam suas estruturas e estratégias, ao mesmo tempo em que precisavam lidar com um fluxo maciço de refugiados em busca de seus serviços. Nas três primeiras semanas de outubro, uma média de mais de 6,1 mil pessoas passaram pelo vilarejo por dia[5]. Havia uma grande pressão sob esses atores humanitários, que tinham dificuldades para cobrir as demandas dos refugiados.

Passavam de duas da madrugada e cerca de 30 pessoas aguardavam há dez minutos alguns companheiros de grupo para seguirem todos para uma das tendas. Aqueles que esperavam sofriam com a temperatura abaixo dos cinco graus. Outros 15 minutos se passaram sem que o restante dos re-

---

4. Diversos atores humanitários que atuaram em Idomeni usam essa divisão em fases para analisar o período de existência do centro de transição.

5. ACNUR (2015) *Refugees/Migrants Emergency Response — Mediterranean*. Disponível em: goo.gl/Cyur5j (Acesso: 29 de novembro de 2016).

fugiados se juntasse aos demais na área demarcada. Alguns ainda estavam na tenda de alimentos. Outros ignoravam os chamados pelo número do grupo.

No grupo que aguardava, um homem de meia idade, cabelos castanho escuro e barba por fazer parecia irritado com a situação. Com um semblante cansado e um olhar sério, segurou-me pelo braço com força e puxou-me rapidamente para perto de quatro crianças pequenas, provavelmente seus filhos. Sem roupas adequadas, todos tremiam de frio. Não esperaríamos mais pelos outros.

Antes de partirmos, o mesmo homem encarou-me novamente. Sua esposa segurava um bebê no colo ao mesmo tempo em que tentava, sem sucesso, empurrar o carrinho da criança, usado para carregar duas malas volumosas. O homem, então, tomou para si o carrinho e o recém-nascido. A mãe agarrou as três crianças restantes pelas mãos para que não se perdessem pelo trajeto curto, sujo e mal iluminado. O pai aproximou-se de mim uma última vez e, sem nada dizer, colocou o bebê em meus braços.

Era uma pequena menina de cabelos encaracolados e dona de olhos castanhos grandes e assustados. Ela estava desconfortável no colo de um estranho e em suas roupas molhadas. Carreguei-a surpreso. Olhamo-nos por alguns segundos e esbocei um sorriso. Ela chorou com intensidade. Seguimos para a tenda.

Figura 7 – Sem abrigo nas tendas "oficiais", os refugiados montavam suas barracas ou dormiam sob colchões.

Figura 8 – *A cerca de arame farpado se apoia nas árvores secas do outono grego em maio de 2016, onde demarcavam a fronteira com a República da Macedônia.*

Encurralados

Entre uma tragada e outra no cigarro, Behnuz[1] falava do desespero que o tomou desde o dia 19 de novembro de 2015, quando a Eslovênia decidiu que autorizaria a entrada em seu território apenas de refugiados vindos de Afeganistão, Iraque e Síria, países considerados em guerra ou em intensa instabilidade político-social. Os nacionais de países como Irã, Paquistão, Marrocos, entre outros, seriam considerados "imigrantes econômicos" e enviados de volta à Grécia.

Temendo se transformar em zonas-tampão, repletas de refugiados impossibilitados de seguir viagem, os demais países da rota dos Bálcãs (Croácia, Sérvia e República da Macedônia) seguiram o exemplo esloveno e adotaram a mesma medida. Foi a segunda vez que as portas da Europa fecharam-se para o vilarejo grego. A decisão ocorreu apenas seis dias após os atentados terroristas que mataram 130 pessoas em Paris, na França, os quais políticos europeus da extrema direita aproveitaram para relacionar com a chegada de milhares de refugiados no continente.

---

1. O nome do refugiado não foi revelado por completo para proteger sua identidade.

Figura 9 – *Homem protesta contra o fechamento da fronteira e pede para que "abram o caminho".*

"Não posso retornar ao Irã. O governo vai me prender ou me matar porque sou cristão", disse Behnuz[2].

2. Membros de minorias religiosas no Irã, como baha'is, sufistas e muçulmanos convertidos ao cristianismo enfrentam diversas discriminações em termos de acesso a emprego, educação e liberdade de praticar suas religiões publicamente (Anistia Internacional, 2016a). Convertidos ao cristianismo, por exemplo, podem perder seus empregos e serem expulsos de universidades caso a conversão se torne pública (Serviço de Imigração Dinamarquês, 2014). Em 2015/2016, houve registros de casos de prisões e detenções de dezenas de Baha'is, cristãos convertidos e membros de outras minorias religiosas no país (Anistia Internacional, 2016a).

Apesar de a apostasia (abandono ou renúncia de uma crença religiosa ou política) não integrar o código penal iraniano, há casos em que juízes emitiram condenações neste sentido baseando suas decisões na Sharia, a lei islâmica (Serviço de Imigração Dinamarquês, 2014). A lei iraniana não prevê a pena de morte para apostasia, mas as cortes podem adotar essa punição, e o fizeram no passado, também baseadas na Sharia (Goitom e Biblioteca do Congresso dos EUA, 2014).

Em 1990, o pastor Soodmand foi executado após ser acusado de apostasia. Em 1994, o pastor Mehdi Dibaj foi acusado de apostasia, liberado e encontrado morto em uma floresta. Desde 1990, não há relatos de muçulmanos convertidos ao cristianismo sentenciados à morte no Irã (Serviço de Imigração Dinamarquês, 2014). No entanto, isso não significa que não tenham ocorrido execuções extra-judiciais, como a de Dibaj e outros pastores protestantes, assassinados brutalmente fora do sistema judicial (Goitom e Biblioteca do Congresso dos EUA, 2014).

O regime iraniano entende que movimentos evangelizadores estão ligados a atores externos, como Sionistas, considerando-os muitas vezes uma ameaça ao governo. Logo, líderes religiosos não muçulmanos e igrejas evangélicas tendem a ser vistos de um ponto de vista de segurança nacional (Serviço de Imigração Dinamarquês, 2014).

O Departamento de Estado dos EUA destacou em um relatório de 2009 que a pena de morte pode ser imposta no país com base em acusações ambíguas como 'atentados contra a segurança do Estado' e 'Insultos contra a memória do Imam Khomeini e contra o Líder Supremo da República Islâmica'. O relatório ainda afirma que o regime acusou minorias religiosas de apostasia e de 'confronte ao regime', julgando esses casos como ameaça à segurança nacional (Goitom e Biblioteca do Congresso dos EUA, 2014).

Em uma decisão de março de 2016, a Grande Câmara da Corte Europeia de Direitos Humanos considerou que um solicitante de asilo iraniano, muçulmano convertido ao cristianismo, não poderia ser deportado pela Suécia

Em frente da barraca de acampamento montada em cima da linha do trem, cujas operações de transporte de carga haviam sido interrompidas semanas antes, uma vez que os trilhos estavam sendo ocupados por refugiados, o iraniano de 29 anos fumava freneticamente. No céu cinzento, o sol já se punha, compondo um cenário deprimente. A temperatura caíra rápido. Doente, a esposa de Behnuz espiava de dentro da tenda. Inesperadamente presos em Idomeni há alguns dias, o casal não tinha sequer um cobertor. Tentavam manter-se aquecidos com a ajuda de pequena uma fogueira.

O iraniano estava inquieto, ainda esperava que a fronteira voltasse a se abrir para todos. Era esse o desejo dos cerca de 2,5 mil refugiados sitiados em Idomeni naquele momento.

"Todos queremos viver em um país seguro. Todos queremos liberdade", disse Behnuz. "Os sírios fogem da guerra, nós fugimos de uma ditadura. Não somos livres", continuou. Para ele, retornar ao Irã não era uma opção. O casal ficaria

---

antes que o país avaliasse os riscos para a sua integridade no Irã devido sua crença religiosa (Corte Europeia de Direitos Humanos, 2016).

Os juízes Ineta Ziemele, Vincent A De Gaetano, Paulo Pinto de Albuquerque, Krzysztof Wojtyczek e András Sajó consideraram que a conversão do solicitante de asilo ao cristianismo era uma 'ofensa criminal passível de pena de morte no Irã' e que o indivíduo corria o risco de ser processado pelo crime de apostasia. Eles destacaram que como o 'Estado Iraniano nunca codificou o crime de apostasia, ele autoriza o uso de certas leis islâmicas mesmo quando o crime não está no código criminal'. Desta forma, como a apostasia não é 'explicitamente proscrita pelo Código Penal Iraniano e há muitas interpretações diferentes na lei islâmica sobre o tema, os juízes tem o discernimento de decidir casos de apostasia baseado em seus próprios entendimentos da Lei Islâmica' (Corte Europeia de Direitos Humanos, 2016).

na Grécia pelo tempo necessário. "Mesmo que tenhamos que acampar por um ou dois anos em Idomeni", ele prometeu.

Naquela mesma linha de trem, apenas alguns passos de distância separavam o jovem iraniano de dezenas de soldados do exército da República da Macedônia, vestidos em uniformes militares com proteção para situações de conflito. Usavam gorros, embora capacetes estivessem pendurados um pouco abaixo da altura de seus ombros. Seguravam grandes escudos retangulares transparentes com inscrições no alfabeto macedoniano gravadas dentro de uma faixa azul. Em posição imponente, os rostos de alguns cobertos por máscaras cirúrgicas, os agentes formavam um paredão para impedir qualquer tentativa de travessia à uma linha de arame farpado colocada no chão para definir a divisa entre os dois países.

Desafiante, no limite imposto por aquela demarcação territorial, um homem segurava um cartaz de papelão, cujas partes mantinham-se unidas por nós feitos com tiras de sacolas plásticas, com a frase *Open the Way*. Ou Abram o caminho. Poucas horas depois, aqueles arames no chão ganharam o reforço de uma cerca de dois metros de altura, instalada ao longo de diversos quilômetros na fronteira com a Grécia. O caminho estava propriamente fechado.

A decisão dos países dos Bálcãs transformou o centro de transição em uma instalação com residentes permanentes pela primeira vez. Isso provocou uma alteração significativa no perfil dos refugiados, sendo necessárias mudanças estruturais e operacionais por parte dos atores humanitários para enfrentar a nova demanda, que passou a ter dois públicos distintos: aqueles que precisavam de atendimento rápido

Figura 10 – *Quando milhares de pessoas ficaram presas em Idomeni em novembro de 2016, o ACNUR e o MSF instalaram novas tendas para abrigar mais refugiados.*

para continuarem suas jornadas e os que necessitavam de tratamento para doenças crônicas, três refeições por dia e acomodação.

Esse novo cenário colocou as organizações humanitárias sob uma pressão inesperada. O inverno se aproximava e apenas algumas tendas do MSF tinham sistema de aquecimento. Elas não eram suficientes para abrigar os novos "moradores". Seria necessário expandir o centro para acomodar o maior número possível de pessoas. Assim, ACNUR e MSF instalaram tendas em uma área próxima, nomeada de "Campo B". A iniciativa, contudo, não resolveu o déficit de acomodação, já que Idomeni continuava a receber centenas de ônibus com refugiados todos os dias.

Os problemas de infraestrutura do local intensificaram--se rapidamente, ao passo que centenas de barracas ocuparam os terrenos de plantações e passaram a compor a paisagem de acampamentos lamacentos que ficou conhecida pelo mundo. Pequenas melhorias, como o fornecimento de eletricidade, eram superadas em muito pelo acumulo de lixo por toda parte, pela falta de água corrente, a quantidade insuficiente de banheiros químicos e a ausência de saneamento básico.

Atores humanitários enfrentavam dificuldades para fornecer água e alimentar a multidão de residentes e os refugiados em trânsito. Imagens de iranianos costurando suas bocas em protesto ao fechamento das fronteiras ganharam os noticiários globais. Neste ambiente de tensões elevadas, brigas entre grupos de refugiados presos em Idomeni tornaram--se constantes, assim como os seus conflitos com a polícia macedoniana, que reprimia fortemente quaisquer tentativas de entrada naquele país.

Temendo uma onda de violência fora de controle, o governo grego ofereceu ônibus para levar para Atenas todos aqueles que não poderiam cruzar a fronteira. A maioria, no entanto, decidiu permanecer no vilarejo. A escalada nos conflitos tornou a situação insustentável. Diversos atores humanitários já não se sentiam seguros para atuar na área, embora não tenham considerado encerrar suas operações. Em 9 de dezembro de 2015, a tropa de choque grega removeu funcionários de ONGs, jornalistas e voluntários do centro de transição para evacuar indivíduos de países não autorizados a seguir a rota dos Bálcãs.

Sem observadores locais e internacionais por perto, a evacuação ocorreu com alguma truculência. A maior parte dos armazéns de plástico utilizados pelas ONGs e grupos organizados foi completamente destruída. O centro precisaria ser reconstruído, com mudanças radicais que marcaram o início de sua terceira fase.

As obras começaram no dia seguinte à remoção. Por algum tempo, os refugiados não tiveram acesso à maioria das tendas do MSF, o que ajudou a organização a instalar pisos, sistema de aquecimento e beliches nos abrigos temporários. A ONG francesa também melhorou a estrutura de sua clínica médica. Além disso, os armazéns do centro foram substituídos por containers de aço.

As ruas de terra ganharam algumas toneladas de pedras para conter a lama criada pela chuva. Placas com informações em diversas línguas e um sistema de som para recados foram instalados, dando ao centro um aspecto finalmente organizado, livre de barracas de acampamento sobre os campos de plantação ou trilhos do trem.

A polícia grega passou a reter ônibus com refugiados em um acampamento precário em um posto de gasolina há 20 quilômetros de Idomeni, para que o vilarejo não acumulasse um número muito elevado de pessoas. Conforme os refugiados cruzavam a fronteira, novos veículos eram autorizados a entrar na área. Os ônibus vindos de Atenas faziam ainda uma série de paradas durante o trajeto para retardar a chegada no extremo norte do país.

Essas mudanças criaram uma integração maior entre os atores humanitários presentes em Idomeni. Era o início de uma tentativa de colaboração mais concisa, que teria efeitos positivos nos meses seguintes.

Figura 11 – *A República da Macedônia reforçou o policiamento na fronteira com a Grécia para evitar que nacionais de países não autorizados entrassem no país.*

Figura 12 – *Médicos e enfermeiros voluntários atendem refugiados em uma tenda improvisada em Idomeni, em outubro de 2015.*

Atores humanitários

Era março de 2015 quando o MSF começou a operar com apenas três funcionários na fronteira com a República da Macedônia, onde outros grupos também já marcavam presença. "Tínhamos uma clínica móvel que circulava pela região, ofertando suporte médico e/ou psicológico aos refugiados", explicou Vicky Markolefa, então gerente de comunicação da organização, no quartel operacional que a ONG mantinha na cidade de Polykastro, no norte da Grécia.

Com o centro de transição em funcionamento, o MSF chegou a ter 200 funcionários em Idomeni. Um crescimento que também ocorreu nas equipes de outras organizações presentes no vilarejo, uma vez que elas precisavam lidar com as constantes mudanças nas necessidades dos refugiados, as quais eram influenciadas pelo clima ou por decisões políticas de países vizinhos.

A evacuação do centro de transição em dezembro de 2015 marcou um momento em que os atores humanitários precisariam trabalhar de forma mais integrada para gerir o local. Essa era uma tarefa complexa devido a conflitos entre alguns grupos organizados e ONGS. Algumas dessas tensões eram alimentadas pela falta de compreensão por grupos independentes em relação ao trabalho realizado por organizações profissionais, encaradas por muitos deles como empresas "em busca de lucro". O ego de alguns destes agrupamentos, que se consideravam, talvez, os únicos realmente ajudando refugiados por solidariedade, também desempenhava um papel relevante na situação.

"Muitos grupos não conseguem trabalhar juntos por causa de diferenças políticas", explicou Dimitra Beleth, integrante do grupo social Oikopolis, de Salônica, um dos mais ativos em Idomeni. "Nosso grupo trabalha com todo mundo, mas alguns não querem ajudar ONGs porque acham que essas organizações só estão no centro porque estão sendo pagas para isso", disse ela.

Não é difícil deparar-se com esse argumento. Certa vez, entrevistava um integrante de um grupo organizado de inclinação anarquista em uma lanchonete popular de Salônica para uma pesquisa na qual trabalhava. Aquele senhor de cabelos grisalhos e 57 anos, 35 dos quais vividos na Alemanha, afirmou claramente que ACNUR e ONGs "não querem ajudar as pessoas". Ele era um engenheiro, mas ao retornar à Grécia, intensamente afetada pela crise econômica de 2008, precisou aceitar um trabalho na limpeza de uma escola. Tempos duros não costumam oferecer muitas escolhas.

"No primeiro dia depois que voltei, ouvi alguns barulhos perto da minha casa. Pensei que era alguém invadindo uma residência por uma janela", ele contou. "Mas o que eu vi foi meu vizinho procurando comida na lata de lixo. Isso me deixou muito mal", continuou. "Nunca imaginei que uma coisa assim poderia acontecer na Europa no século XXI."

O senhor juntou-se então a um movimento social que visava minimizar o sofrimento da população carente na cidade. Conforme um número elevado de refugiados começou a chegar no norte da Grécia, a iniciativa passou a ajudá-los também, fazendo viagens constantes a Idomeni para distribuição de itens de alimentação, vestimenta e higiene.

"Um dia, algumas pessoas de uma ONG internacional não quiseram dar roupas para crianças sírias, nem mesmo jaquetas. Apenas pediam para que os refugiados continuassem andando", contou o senhor. "Mas nós tínhamos tantas roupas!", exclamou e enfatizou: "Gente de outra ONG queria apressar os refugiados na fila da comida em Idomeni, dizendo que eles poderiam comer no outro lado da fronteira. Mas havíamos trazido tanta comida para distribuir."

Depois destes episódios, o grupo passou a atuar de forma independente a outras organizações devido a diferenças operacionais e de princípios. Os atores humanitários com maior presença em Idomeni, contudo, não tiveram escolha: precisaram superar suas divergências para gerir o centro de transição em conjunto. Todos os dias, reuniam-se para discutir problemas e dividir as tarefas específicas de cada grupo organizado ou ONG, como distribuir alimentos e roupas. Todos poderiam participar dos encontros, sendo que seus votos possuíam o mesmo peso.

O espírito colaborativo era fundamental para o andamento das atividades, mas o MSF era a organização mais crucial em Idomeni, tanto na prestação de serviços quanto no aspecto financeiro. Sem a ONG francesa, o centro de transição provavelmente teria colapsado em dezembro de 2015. O MSF pagou pelas expansões e melhorias estruturais na área, incluindo a instalação e limpeza de banheiros químicos. A organização também arrendou os terrenos nos quais instalou suas tendas, garantindo alguma renda aos produtores agrícolas do vilarejo. "Contatamos a comunidade local e outros atores para aumentar a nossa operação. Nada aconteceu forçadamente", argumentou Markolefa.

Quando Idomeni passou a abrigar 14 mil refugiados, foi o MSF que ajudou outros atores a manter suas atividades. A ONG, por exemplo, deu suporte financeiro para que o Oikopolis aumentasse sua produção diária de porções de "comida molhada" (arroz, feijão, sopas) para alimentar o número enorme de refugiados sitiados no centro. Esse sistema de cooperação estendia-se também para fora do povoado. Como o MSF e MdM ofereciam apenas tratamento primário de saúde, precisavam encaminhar pacientes com quadros mais graves para estruturas médicas gregas em cidades próximas. Mesmo com a escassez de pessoal e medicamentos, os hospitais e clínicas locais acolheram bem os refugiados, garantiu Markolefa. "O MSF forneceu mediadores culturais para facilitar a comunicação entre médicos e os refugiados", disse.

O MdM buscou diminuir o peso financeiro para os hospitais ao implementar um sistema de coleta de sangue em Idomeni, enviando as amostras a centros de saúde privados. Desta forma, reduziu-se o número de encaminhamentos para clínicas públicas de saúde, explicou Korina Kanistra, coordenadora de campo da organização. "Isso é algo que ninguém comenta, mas a situação dos hospitais gregos é bem difícil. Faltam itens básicos e esses locais tiveram que lidar com uma demanda extra de pacientes que não poderiam pagar. Sem mencionar que as pessoas chegavam aos hospitais e nem conseguiam se comunicar", explicitou.

A boa vontade para manter estruturas de coordenação e colaboração possibilitou que os atores humanitários em Idomeni mantivessem o centro de transição operando da forma mais eficiente possível, ainda que precária, por alguns meses. Mas não seria o bastante para lidar com as consequências humanitárias drásticas da decisão política que encerrou a rota dos Bálcãs, lançando o centro em seu espiral final.

Figura 13 – *Refugiados e suas tendas nos campos alagados de Idomeni em maio de 2016.*

Espiral final

Fazia 10 graus celsius negativos quando a enfermeira francesa Jolien Colpaert chegou a Idomeni, em dezembro de 2015. Parte do centro de transição estava vazio devido à evacuação realizada pela polícia grega dias antes, mas os ônibus com refugiados continuavam a chegar em dezenas por dia. Em março, havia um clima de incerteza no vilarejo. A fronteira com a República da Macedônia ficava cada vez menos tempo aberta. No início do ano, até milhares de pessoas cruzavam para o lado macedoniano por dia. No fim de fevereiro, esse número caiu para poucas centenas. Claramente, a fronteira estava se estreitando e mais refugiados acabaram se aglomerando em acampamentos informais com condições inadequadas.

Esse foi o retrato dos três meses que antecederam o fim do centro de transição, conforme entendeu Colpaert, uma das responsáveis pela coordenação das atividades médicas do MSF em Idomeni. A última e mais caótica fase do local começou com o fechamento definitivo da rota dos Bálcãs. Não havia infraestrutura para acomodar tanta gente, nem mesmo com o esforço do MSF para erguer novas tendas.

A paisagem voltou a ser dominada por barracas de acampamento e pela fumaça tóxica de fogueiras alimentadas com plástico. Desta vez, algumas centenas de refugiados encontraram abrigo sob a marquise do prédio da estação de trem,

Figura 14 – *Em novembro de 2015, para enfrentar as baixas temperaturas do norte grego, os refugiados acendiam fogueiras. Alguns conseguiram cortar árvores para usar como lenha.*

novamente inoperante, uma vez que os trilhos estavam bloqueados por tendas. Àquela altura, montar as barracas sobre os pedregulhos que assentavam os trilhos era uma escolha melhor do que o solo encharcado das plantações.

Na estação, onde outras poucas pessoas conseguiram ocupar uma parte desativada (e em frangalhos) do edifício, rapidamente surgiu uma loja de conveniência para vender aos novos residentes alimentos, cigarros, café, água e outros produtos. Espalhados pelo centro, ao menos dois trailers também lucravam ofertando desde batata frita e hambúrgueres a carregadores de celular aqueles que podiam pagar.

Enquanto isso, o esforço dos atores humanitários para oferecer comida a todos nem sempre era suficiente. Em seus melhores dias, o grupo social Oikopolis conseguia preparar até quatro mil refeições em sua cozinha no Campo B, embora até 14 mil pessoas estivessem no vilarejo. No campo principal, a ONG Praksis distribuia sanduíches, enquanto outros grupos independentes eventualmente ofereciam refeições na área.

Os locais de distribuição e preparo de alimentos passaram a ficar sempre cercados de refugiados, muitos deles famintos. No Campo B, todos os dias centenas de pessoas espreitavam os armazéns onde comida e produtos de higiene pessoal eram estocados pelos atores humanitários. O mesmo ocorria com o container da cozinha, "protegido" às vezes por *palets* de madeira enfileirados em pé para formar um cerca, ou simplesmente por fitas amarradas em pedaços de ferro fincados no chão, imitando um cordão de isolamento.

Muitos refugiados ofereciam ajuda para preparar, embalar e distribuir as refeições. O apoio era bem vindo, em especial porque alguns deles eram fluentes em inglês e poderiam atuar como intérpretes, ajudando na organização das filas e na solução de conflitos. Os refugiados, por outro lado, se disponibilizavam com a intenção de obter uma quantidade maior de comida para seus familiares e amigos, além de conseguir acessar os armazéns, de onde "desviavam" itens. Esse "favorecimento" provocou ressentimento nos residentes do centro de transição que não possuíam os mesmos benefícios.

A frustração dos refugiados com as condições de vida em Idomeni e a impossibilidade de seguirem viagem criou um clima pesado no centro de transição, refletido na forma com que eles respondiam a algumas operações de alívio humanitário conduzidas no local. A distribuição de comida,

Figura 15 – *Em maio de 2016, milhares de refugiados voltaram a ficar sitiados em Idomeni após o fechamento total da rota dos Bálcãs.*

por exemplo, tornou-se em pouco tempo a tarefa mais tensa conduzida pelo Oikopolis, que precisava lidar com conflitos quase diários.

Do container da cozinha não era possível ver o fim da fila de refugiados que se alinhavam por metros para receber uma refeição. Idosos, mulheres com crianças de colo e adolescentes, muitos deles com feições sujas e desoladas, eram, em geral, a maioria. Homens adultos, por outro lado, compunham grande parte daqueles que tentavam constantemente burlar as filas, forçando voluntários e outros refugiados a intervir.

Aqueles que aguardavam, o faziam muito mais sob chuva do que sol. A maioria esperava receber além da porção única por indivíduo, um critério de equidade comum utilizado em operações de emergência, mas que instigava ressentimentos em relação a alguns atores humanitários. Muitos refugiados não compreendiam o conceito, julgando-o humilhante, por terem que implorar por mais comida, e injusto, pois nem todos os integrantes de suas famílias possuíam condições físicas ou de saúde para enfrentar filas nas quais certamente seriam empurrados.

Discussões acaloradas e um forte descontentamento por parte dos refugiados surgiam destas situações, agravadas pela frustração coletiva. O clima pesado de apreensão criava o combustível para alimentar as frequentes brigas entre refugiados na distribuição de comida. A equipe de voluntários do Oikopolis sentia-se insegura em muitos momentos, mas temia que uma interrupção na entrega das refeições, mesmo que temporária, para a organização mais eficiente da fila, pudesse criar uma situação de caos.

Em uma tarde chuvosa de março, a distribuição saiu do controle. Duas brigas eclodiram simultaneamente próximas a mesa onde as porções eram retiradas. Alguns refugiados se assustaram com empurrões generalizados que derrubaram parte do cordão de isolamento da cozinha. Em meio à gritaria, voluntários correram para dentro do container, onde se trancaram até que os ânimos do lado de fora se acalmassem.

Raed[1] não sentia saudades deste ambiente, nem conseguia lembrar de bons momentos nos três meses em que viveu em Idomeni. Em junho de 2016, o jovem de 20 anos havia mudado há algumas semanas para o centro de recepção

---

1. O nome do refugiado não foi revelado por completo para proteger sua identidade.

estatal de Oreokastro. Espontâneo, rosto redondo, cabelo raspado, estatura mediana e um físico largo, ele tinha um sorriso desconfiado, disfarçado pelo cigarro quase sempre na boca. Em um inglês truncado, sentando em um banco de madeira em frente a clínica médica do abrigo, Raed se esforçava para descrever sua experiência na fronteira com a República da Macedônia, onde acampou em uma pequena barraca.

"A vida em Idomeni era muito ruim. Na verdade, não era vida", disse Raed, e continuou: "Não havia acomodação, a comida era muito ruim. Não havia vida."

Em um passado não tão distante, antes de fugir de uma cidade controlada pelo Estado Islâmico na Síria, passar algumas semanas na Turquia e meses em Idomeni, Raed estudava para tornar-se um matemático. A revelação deste detalhe pareceu surpreender aqueles refugiados que compreendiam a conversa e o espiavam timidamente.

"Só quero continuar meus estudos, aprender inglês", garantiu ele. "Amo matemática. Talvez até queira um trabalho em algum banco."

Naquele momento, a situação em Oreokastro não era muito melhor do que a vida em Idomeni. E isso aumentava a frustração de Raed.

"Quero seguir para outro país. Não posso morar na Síria porque meu país está em guerra", argumentou, antes de prosseguir. "Só quero uma vida, mas não podemos fazer nada sobre a nossa situação atual. Ninguém parece fazer nada por nós."

O fechamento definitivo da fronteira alterou pela última vez o perfil dos refugiados em Idomeni. A alta demanda por cuidados de saúde primária foi superada pelos atendimentos de nível secundário, uma vez que, agora, a maior parte dos residentes do centro de transição era composta por mulheres (muitas delas grávidas), crianças, idosos e portadores de deficiência física, diferentemente dos homens jovens e saudáveis de meses anteriores.

O desafio de organizações ligadas à saúde passou a ser lidar com doenças crônicas como diabetes, problemas cardíacos e neurológicos, e oferecer o pré-natal para gestantes. O MdM teve que criar um cartão médico para controlar o histórico dos pacientes, incluindo exames realizados e medicamentos usados. O MSF, por outro lado, monitorava até 30 pacientes com problemas crônicos por semana, mas casos com este perfil representavam 60% dos 1,3 mil atendimentos realizados pela organização a cada sete dias.

A chuva agravava as condições sanitárias deploráveis do centro, alagando os abrigos improvisados e espalhando lama por todo o lado. Esse cenário criou um ambiente propício para a alta incidência de doenças infecciosas e pulmonares. Embora os refugiados recebessem tratamento, esses problemas reapareciam rapidamente porque eles não tinham escolha a não ser viver em tendas molhadas e sujas. "Era apenas um paliativo. Eles eram tratados, melhoravam e na semana seguinte retornavam com outra infecção", explicou Korina Kanistra.

Os quadros mais desafiadores, no entanto, envolviam pacientes diagnosticados com doenças graves por hospitais públicos da região. O drama enfrentado pelos refugiados em Idomeni ganhou espaço relevante na mídia internacional e nas agendas de políticos europeus, mas esqueceram-se de que parte daquelas pessoas não podia esperar por um longo período para terem seus problemas solucionados. Elas precisavam de ações imediatas, em especial aquelas que desenvolveram câncer.

Melhorar a qualidade de vida dos residentes do centro de transição não era mais o bastante. Seria preciso tentar garantir acesso a tratamentos de saúde caros para refugiados em um país no qual mesmo os gregos enfrentam dificuldades para se tratarem no setor público. ONGs internacionais também não possuíam condições financeiras para auxiliar nestes casos. "Não é fácil aceitar os nossos limites", desabafou Colpaert.

Os meses sitiados em Idomeni ainda deixaram marcas psicológicas nos refugiados. A frustração com a impossibilidade de migrar para países do norte da Europa agravou a incidência de casos de ansiedade, depressão, esquizofrenia e psicose, segundo o MSF. Tratar esses pacientes era complexo, conforme Kanistra explicara, porque os médicos do centro não podiam receitar drogas psiquiátricas e os hospitais públicos não conseguiam lidar com a demanda. "Víamos gente perdendo a esperança por todo lado."

A sensação de desespero era um sentimento que Youssef[2] reconhecia. Ele e o irmão foram transferidos para Oreokastro após a evacuação de Idomeni, no fim de maio de 2016. Alto, bem vestido e com a barba por fazer, o sírio falava com uma voz baixa e suave. Enquanto contava o porquê de sua permanência no vilarejo grego durante meses, seu olhar perdeu-se em algum ponto distante.

---

2. O nome do refugiado não foi revelado por completo para proteger sua identidade.

"Achávamos que a fronteira iria se abrir um dia", ele disse. "Tínhamos essa esperança durante o período que vivemos lá. Mas, finalmente, percebemos que isso não aconteceria."

Youssef deixara Lattakia, onde a guerra civil havia tomado conta de áreas ao redor da principal cidade portuária da Síria, em fevereiro de 2016. Como a maior parte dos refugiados sírios na Europa, ele partiu para a Turquia, de onde pegou um barco para a Grécia. Chegou em Idomeni quando as autoridades macedonianas começaram a restringir o número diário de refugiados autorizados a entrar no país.

"Quando a minha vez chegou, a fronteira se fechou", contou. "Eu tinha todos os documentos, mas foi tarde demais", terminou, decepcionado.

Youssef e o irmão eram personagens bem conhecidos em Oreokastro. Falavam um inglês quase impecável, o que os rendia diversos pedidos para auxiliarem as organizações humanitárias a distribuir alimentos no abrigo ou a entrevistar os refugiados sobre suas necessidades. O jovem de 20 anos, que estudava a língua anglo-saxã na Síria, parecia mais confortável naquele galpão convertido em acomodação do que jamais esteve em Idomeni, onde as constantes brigas entre refugiados o assustavam.

A incerteza sobre o que o futuro lhe reservava, após um longo período alimentando o sonho de construir um futuro em algum lugar do outro lado daquela cerca que separava o vilarejo grego do norte europeu, parecia incomodá-lo intensamente. Sentado sobre o carpete escuro que forrava o chão, as pernas cruzadas em um X, ele desviou o olhar para fora da tenda dividida com o irmão e um amigo. Youssef não soube descrever o que sentiu durante os meses vividos em

Idomeni, nos quais não pôde continuar viagem pela rota dos Bálcãs. Ele ensaiou um sorriso tenso, enquanto chacoalhou os ombros.

"Não consigo explicar como aquilo me afetou. Não sei descrever nada", disse o sírio. "Perdi a esperança."

Youssef não desejava permanecer na Grécia. Ao contrário da vasta maioria dos refugiados, também não queria seguir para a Alemanha. "Qualquer outro lugar está bom", afirmou. "A primeira coisa que quero fazer é completar meus estudos. Depois, vou trabalhar", ele planejava.

Muitos sonhos como aquele acabaram abandonados em Idomeni, onde a situação de refugiados vulneráveis costumava ser ainda mais delicada. Encaixam-se neste grupo as grávidas. Ao menos uma, segundo o MSF, deu a luz no centro de transição. Há rumores de que mais bebês tenham nascido nas centenas de barracas espalhadas pelos campos do vilarejo, mas os boatos são de difícil verificação.

Os pedidos para interromper gestações, por outro lado, foram fartamente registrados. De acordo com o MSF, cerca de dez mulheres por semana solicitavam o aborto no vilarejo. Na Grécia, o procedimento é legalizado. Então, o MSF passou a encaminhar as pacientes para hospitais públicos da região. Apenas um deles aceitou realizar os processos, mas não conseguiu lidar com a forte demanda. "Não havia planejamento familiar algum em Idomeni. Muitas pessoas não queriam mais uma criança em meio às incertezas sobre o futuro", explicou Colpaert.

A dificuldade no acesso ao procedimento, porém, impediu que muitas delas tivessem seus pedidos atendidos. Essa frustração relativa à situação precária dos refugiados em Idomeni também teve um impacto nos atores humanitários que

Figura 16 – *As plantações, onde milhares de refugiados acampavam, ficaram alagadas na maior parte do tempo.*

atuaram nas fases finais do centro de transição, como Kanistra. "Nunca sabia o que dizer a eles. O sentimento era o de que sempre tentamos fazer o nosso melhor pela saúde dos refugiados, mas deveríamos ter tentado elevar mais os seus espíritos."

Talvez essa abordagem pudesse ter ajudado Raed e Youssef a não perderem a esperança. "Em Idomeni, me senti péssimo porque não podia seguir viagem. Nos campos de refugiados da Grécia, a vida é muito ruim. Mas o que podemos fazer?", perguntou Raed. Em sua tenda, Youssef estava resignado. "Até agora, vivemos na esperança de que algum dia realizaríamos nossos sonhos", afirmou. "Talvez um dia."

Figura 17 – Atores humanitários de Salônica distribuem alimentos para refugiados em Idomeni no início de maio de 2016.

Voluntários

A chegada de mais de um milhão de refugiados na costa grega entre 2015 e 2016 atraiu um grande número de agências e organizações internacionais, além de voluntários de diversas partes do mundo, para as áreas do país mais afetadas pela crise migratória, como Lesbos e Kos, entre outras. Em restaurantes, praças e bares de Polykastro, uma efusão de sotaques evidenciava a forte presença de "humanitaristas" estrangeiros.

A apenas 25 quilômetros de distância de Idomeni, a pequena cidade fora escolhida como a base temporária de diversas ONGS e voluntários. As ruas mal iluminadas e o mato alto que dominava algumas de suas áreas não espantaram os novos residentes. Os quartos de hotéis do local foram ocupados rapidamente.

Voluntários estrangeiros estiveram envolvidos nas operações de alívio humanitário do centro de transição de Idomeni desde a sua criação, mas eles aumentaram consideravelmente em número após dezembro de 2015. A maior parte deles vinha de outros países da União Europeia, com mais frequência da Alemanha e da Espanha. Muitos aventuravam-se em grupos de redes sociais, criados para organizar ajuda a refugiados na fronteira macedoniana, procurando pessoas interessadas em dividir as despesas de aluguéis de quartos em Polykastro.

Outros chegaram a criar suas próprias ONGs para atuarem na Grécia, um processo que se repetiu de forma tão intensa pelo país que o prefeito de Lesbos, Spyros Galinos, chegou a afirmar que essas organizações eram mais "disruptivas do que úteis" caso não colaborassem com as autoridades locais e os municípios onde pretendiam atuar[1]. Em Idomeni, a maioria destes voluntários e organizações neófitas cooperaram efetivamente com os atores humanitários estabelecidos há mais tempo no centro, embora fosse possível encontrar em Polykastro − e também em Idomeni − uma quantidade relevante de "turistas humanitários". Ou seja, indivíduos interessados mais em conhecer outras pessoas e viajar pela Grécia do que em assumir um compromisso firme em ajudar refugiados.

Lukas Stelzner fazia parte do grupo de voluntários engajados em tempo integral na escola para crianças e adolescentes improvisada no centro de transição pela organização *BorderFree*, que tinha 250 pessoas em seu time. A experiência do alemão como professor primário em seu país, onde ele acredita ser possível arranjar um emprego no setor sem grandes esforços devido à falta de profissionais, o ajudou a coordenar o pequeno colégio naquele campo de refugiados não oficial na fronteira com a República da Macedônia. Os alunos eram divididos em classes de acordo com três grupos etários: dos três aos sete anos, dos oito aos 11, e dos 12 aos 16. Stelzner era responsável pelo último grupo.

---

1. Nianias, H (2016) *Refugees in Lesbos: Are there too many NGOs on the island?* Disponível em: goo.gl/9OGlAJ (Acesso: 25 de outubro de 2016).

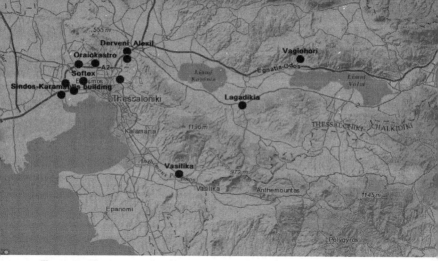

Figura 18 – *Mapa com os centros de recepção para refugiados administrados pelo governo grego no norte do país.* ©UNHCR

"A maior parte das crianças nos contou tudo que elas passaram na Síria" disse o jovem. "Mas não fazíamos muitas perguntas, porque era difícil para algumas delas."

Stelzner chegou em Idomeni no início de maio de 2016, três semanas antes de o centro de transição ser evacuado. Na praça central de Polykastro, perto do hotel em que se hospedava, ele lamentava a operação que ocorria naquele momento. Ele tinha uma feição cansada, os olhos verdes pareciam inchados, usava uma camisa azul com flores brancas, uma bermuda, chinelos e um boné cinza que escondia o cabelo loiro. No dia anterior, a escola em que trabalhava precisou encerrar as atividades por ordem das autoridades gregas. O momento mais difícil foi se despedir dos alunos sem saber o que aconteceria com eles.

"Estávamos todos chorando. Tivemos muitos momentos de diversão lá", recordou.

Stelzner considerava o centro um lugar horrível, "onde as pessoas não tinham alimentos o suficiente, ou acesso adequado a itens de higiene como chuveiros". Em abril, ao ver imagens chocantes da situação dos refugiados no vilarejo grego, o alemão interrompeu as férias na cidade gaúcha de Caxias do Sul, no Brasil, e partiu para a Grécia "envergonhado".

"Temos o bastante na Europa para dividir com quem necessita", ele disse. "Ainda estou constrangido que isso tenha acontecido na Europa."

À beira de um pequeno lago artificial, sob intenso vento, ele enfatizava de forma confiante o seu descontentamento com a maneira como a Europa havia tratado os refugiados que buscaram proteção no continente naqueles últimos meses.

"Muita gente opina sobre os refugiados sentados no sofá de casa", ele contou, e prosseguiu: "Eu conheci pessoas incríveis e inteligentes em Idomeni. Conheci médicos, arquitetos, engenheiros. Creio que há muito potencial desperdiçado para os refugiados e para nós, europeus."

Poucas semanas antes de mudar-se para a Grécia, Stelzner encarava um monumento em homenagem aos imigrantes alemães em Caxias do Sul. Ele pensou em como aquelas pessoas chegaram ao Brasil "sem nada", em como construíram uma cidade. O mesmo destino poderiam ter os refugiados a bater nas portas da Europa.

"Talvez um deles seja o novo Einstein", Stelzner sugeriu.

A poucos minutos dali, a retórica das fronteiras fortificadas, que conquistara espaço nas políticas da União Europeia para lidar com a crise dos refugiados, resultava na remoção de milhares de pessoas impedidas de seguir para o norte do continente. Stelzner partiu de carro para Salônica, de onde pegaria um voo para o casamento de um amigo na Holanda. Para ele, as fronteiras da UE existem apenas nos mapas.

Julia Vogelfrei não hesitou em reconhecer o direito de livre trânsito de cidadãos dos 28 países que integram o bloco como um privilégio, uma espécie de loteria geográfica. Essa liberdade de movimento a trouxe para Idomeni, onde colaborou por três semanas com diversos grupos na distribuição de alimentos e roupas, e informou refugiados sobre como solicitar asilo na Europa.

"Tive noção de como estou em uma posição de luxo", disse ela, "em especial por poder ir para onde quiser".

À primeira vista, Vogelfrei entendeu o vilarejo grego como um lugar alegre, onde as pessoas sorriam o tempo todo. Com o tempo, a realidade mostrou-se diferente para a jovem franzina de olhos azuis e longos cabelos loiros.

"Percebi que elas sorriam para não chorar", afirmou. "De noite, era perceptível que as risadas desapareciam. Pude ver a face real dos refugiados, os seus problemas", continuou Julia.

Original de Hamburgo, a alemã trocou um emprego bem estruturado com refugiados em seu país por um curto período de caos em Idomeni. Em poucos dias, Vogelfrei entendeu que as condições insalubres do centro de transição não eram a única causa do desespero dos refugiados. Ficar sitiado na fronteira, sem saber o que o futuro lhes traria tinha um peso muito maior, lembrou Vogelfrei, sentada em um gramado no centro de Salônica, de costas para o mar azul, sob a sombra da milenar Torre Branca. O centro havia sido fechado dias antes.

"As pessoas precisavam de esperança de que a fronteira se abriria", disse ela. "No momento em que desistissem, elas se perderiam. Foi terrível perceber isso."

Esse momento de colapso psicológico chegou para alguns dos refugiados. "Quando começava a chover muito, o campo alagava", explicou. "Distribuímos plásticos para os refugiados protegerem suas tendas, mas a maioria não usou. Era como se eles não quisessem mais se cuidar."

Em outro momento, Vogelfrei sentiu um clima tenso na atmosfera de Idomeni. Uma briga começou e um refugiado foi atingido por uma facada no rosto. O sangue espirrou a uma longa distância do local do ataque. O grupo da voluntária tentou se afastar do tumulto, mas percebeu que diversos refugiados uniam-se para mover um vagão de um trem parado em direção à cerca da fronteira da República da Macedônia. A agitação aumentara rapidamente. A polícia grega começou a lançar bombas de gás lacrimogênio contra a multidão.

"Havia mulheres chorando e com bebês tentando escapar", ela lembrou.

Vogelfrei decidiu ficar no centro para filmar o conflito. Observou refugiados e a polícia arremessando pedras uns contra os outros. Segundo ela, a polícia instigava-os para que pudesse revidar com truculência.

"Como isso pode ser aceitável?", questionou, incrédula. "Para os gregos esse comportamento da polícia não era uma surpresa, mas eu estava chocada."

A evacuação do centro de transição tirou de muitas pessoas algo próximo a um lar. "Idomeni é próximo à fronteira. A liberdade estava ao alcance do horizonte, do outro lado da cerca."

Figura 19 – *A linha do trem que corta Idomeni já vazia em outubro de 2016, cinco meses após a evacuação completa dos refugiados do vilarejo. Pintada em branco na placa ao fundo, a palavra "Hope" (esperança).*

Idomeni

Atanasia ainda lembra dos dois filhos caminhando pelas rotas sinuosas entre as montanhas verdes, distantes no horizonte. Não faz muito tempo, os adolescentes enfrentavam a neve do inverno no trajeto de 48 quilômetros (somadas a ida e a volta) rumo à escola mais próxima na pequena cidade de Axioúpoli, onde assistiam às aulas do ensino secundário. Eles puderam terminar os estudos primários onde viviam, em um colégio em Idomeni. Menos de 20 anos depois, nem mesmo aquela instituição para crianças permaneceu aberta.

Apenas 154 pessoas, talvez menos, vivem no vilarejo. O dado mais recente é de um censo de 2011. Os jovens são raros, mas aqueles em idade escolar não precisam mais caminhar longas distâncias para estudar. Ônibus os levam para seus colégios e os trazem de volta por meio de uma rodovia construída há cerca de uma década na região. A estrada facilitou o acesso ao povoado, mas Idomeni continua isolado.

Não há linhas de ônibus diretas para o vilarejo. Táxis estão sempre estacionados nas ruas pacatas do local, de onde uma viagem para Polykastro custa 30 euros por trecho. O trem é usado apenas para transporte de cargas e o site da companhia não vende bilhetes para passageiros.

Atanasia abre a porta de sua espaçosa casa segurando um pano de prato em uma das mãos. A residência é a primeira a ser avistada da estrada. As paredes externas são brancas, bem cuidadas. Há um largo gramado verde e um jardim, ambos protegidos pela sombra de uma árvore. Era um domingo gelado do início de outubro de 2016, mas um dia ensolarado. Um enorme trator estava estacionado na garagem. Ninguém caminhava pelas ruas da parte baixa do vilarejo, com exceção de alguns cachorros sem seus donos, se é que os tinham.

Na mesa branca de plástico da varanda, ela serve alguns copos com suco de laranja e uma travessa com biscoitos. A agricultora foi dona de um posto de gasolina por 25 anos. Possuí também terras em Idomeni, onde arrenda outros lotes para suas plantações.

"Nasci, cresci e casei aqui. Nunca saí deste lugar", diz aos 57 anos. "É uma vida calma."

Não há muitas casas naquele bloco. Somente vastos lotes de terra usados para agricultura. Cerca de 100 metros adiante, no lado esquerdo da estrada, uma rua estreita e inclinada em forma de serpente dá acesso à parte mais elevada de Idomeni. Aquele pedaço do lugarejo coleciona moradias de aparência antiga, algumas afetadas pelo descaso de seus proprietários. Outras são mais modernas, muitas com jardins repletos de frutas. O silêncio sepulcral remete à uma cidade fantasma.

Quase no topo da rua, flores amarelas tomam parte da fachada de uma casa. Os galhos caem para fora da sacada, colorindo o muro branco, sujo de fuligem, da residência de Hatzopoulos Panagiotis. O senhor de 79 anos passou a maior parte de sua vida em Idomeni, onde trabalhou na instalação dos trilhos da ferrovia e também serviu como soldado do exército grego até ser promovido para Salônica. Os filhos ficaram na metrópole, enquanto ele retornou ao seu lar após a aposentadoria. Não lhe agradam os lugares com muitas pessoas.

"Onde você nasce, certamente você ama", diz ele. "Aqui é um lugar onde faço o que gosto."

Sentado na beirada de concreto da bica de água do seu quintal, ele admira a plantação variada de verduras que cultiva, os galos imponentes e as galinhas enormes que ciscam o chão. Panagiotis é alto, rosto redondo e na base da cabeça ainda lhe resta um anel de cabelos brancos. Tem um físico saudável e caminha sem dificuldades. Veste um pijama listrado de tons escuros e fuma quase ininterruptamente.

"Cultivo esses vegetais e galinhas para os meus filhos", ele ri. "Quando eles vêm aqui, recebem alimentos naturais."

Lentamente a vizinha Aglaia chega para uma visita de domingo. Ela caminha com a ajuda de uma bengala. Senta-se em uma cadeira trazida por uma mulher que estende roupas no varal. Ao fundo, uma pilha de lenha cortada e um barraco de madeira coberto por uma lona desbotada, verde e azul, com o símbolo de uma loja de produtos populares vendidos por até um euro. As galinhas correm por todo lado, cacarejando. O zumbido das moscas é intenso e incômodo.

Aglaia vive em Idomeni há 52 anos. Trabalhou na creche de uma área próxima até mudar-se com o marido para o vilarejo, que define como "bom". Os óculos de grau pretos com armação espessa destacam um rosto simpático, cabelos tingidos de marrom. Ela veste uma camisa colorida, saia escura e meias pretas com sandálias. Segura a bengala firmemente entre as pernas, sob a qual apoia as duas mãos. Vez ou outra, deixa seu queixo encostar sobre elas.

Os vizinhos passam bastante tempo juntos. Não há muitas pessoas para conversar ali.

"Somos amigos uns dos outros aqui", ela conta. "Todo mundo é bom. Nos amamos", prossegue e ri: "Bebemos café e fazemos fofocas".

Panagiotis presta atenção na amiga, em silêncio há alguns minutos. Ele a interrompe.

"Esse é um vilarejo bom e fértil, mas a única coisa que nos falta é o transporte", afirma. "É por isso que as pessoas se vão daqui", ele conclui.

"Todo mundo aqui é velho. Não tem ninguém novo. Nossos filhos se foram para outros lugares", concorda Aglaia.

"É uma vida quieta", completa Panagiotis.

A tranquilidade havia retornado àquelas ruas vazias e silenciosas há pouco tempo, apenas cinco meses antes. Em 24 de maio de 2016, o governo grego começou a remover os milhares de refugiados encurralados no vilarejo desde o fim da rota dos Bálcãs. A operação encerrou também o centro de transição mantido pelo MSF.

No dia da evacuação, a polícia grega liberou o acesso ao vilarejo a apenas alguns atores humanitários. O MSF conseguiu manter 19 funcionários em seu centro médico. A via de acesso a Idomeni foi bloqueada, deixando jornalistas a cerca de 10 quilômetros de distância do centro de transição, onde a presença policial era enorme. Refugiados eram retirados em centenas de ônibus destinados a centros de recepção do governo.

A maior parte das poucas imagens disponíveis da operação, concluída em três dias, era liberada pelas autoridades. A polícia publicava diariamente um vídeo de cerca de dez minutos com a vista área do campo em que pouco se podia identificar. Quase não havia testemunhas da sociedade civil acompanhando o processo. Katy Athersuch, na época gerente de comunicação de emergência do MSF para a Grécia, teve acesso ao local por algumas horas no início da evacuação.

"Quatro ou cinco policiais iam de tenda em tenda avisando para os refugiados pegarem suas coisas e entrarem no ônibus", contou.

Segundo relatos de atores humanitários no dia da evacuação eles não sabiam para onde seriam transferidos. "Muitas pessoas estavam nervosas porque essa remoção não era inteiramente voluntária", disse Athersuch. "Na clínica, uma enfermeira me disse que a maior parte dos pacientes estava chorando porque não sabia o que iria acontecer com eles."

Há meses o governo grego cogitava evacuar o centro de transição, mas não possuía ainda o número necessário de acomodações oficiais para remanejar os refugiados. Após pressão da UE, a construção de centros de recepção foi acelerada em todo o país, em especial nos arredores de Salônica. O governo ainda adotou o discurso de que, para evitar violência, evacuaria o local apenas se os refugiados não migrassem para os abrigos estatais por vontade própria.

Naquele início de maio as autoridades passaram a distribuir panfletos aconselhando os refugiados a deixar o local em ônibus fornecidos pelo governo e a se registrar com as autoridades para pedir asilo no país. Diversas organizações humanitárias criticaram a transferência de indivíduos para centros de recepção inadequados ou mal acabados, quando, na realidade, eles deveriam ser realocados em outros países da UE. Um acordo de emergência na Comissão Europeia definiu, em setembro de 2015, cotas com os números de refugiados que os membros do bloco (exceto o Reino Unido) deveria receber[1].

Ao todo, 160 mil refugiados deveriam ser transferidos da Grécia e da Itália para outros Estados Membros. Até 24 de maio de 2017, apenas 13,572 haviam sido realocados da Grécia[2]. "Um médico me disse ter visto tantos rostos vazios e sem expressão durante a evacuação. As pessoas pareciam ter perdido a esperança", contou Athersuch.

Por quase dois anos, Idomeni integrou o itinerário de refugiados tentando chegar aos países do norte da Europa. O período de maior pressão ocorreu a partir de setembro de 2015. No final daquele ano, os números de indivíduos passando pelo local alcançavam milhares por dia. A intensidade maciça do fluxo migratório assustou os moradores que o observavam das janelas de suas casas. Eles não sabiam como enfrentar uma situação tão incomum e sem previsão de término. Existia bastante empatia, contudo. Muitos deles reconheciam nos refugiados um sofrimento similar ao enfrentado pelas famílias de alguns de seus vizinhos, emigrantes[3] turcos.

Após o fim da Primeira Guerra Mundial, tropas gregas entraram em conflito com a Turquia ao tentar estender o seu território para além de Trácia[4] e do distrito de Esmirna,

---

1. European Commission (2015) *Refugee crisis – Q32A on emergency relocation.* Disponível em: goo.gl/WJ0RTK (Acesso: 8 de novembro de 2016).

2. Organização Internacional de Migração (2017a) *Relocation updated 24 May 2017.* Disponível em: goo.gl/wkJhJu (Acesso: 18 de Junho de 2017).

3. Emigrantes diferem de imigrantes. Os primeiros deixam o país de origem para residirem em definitivo em solo estrangeiro, enquanto os segundos apenas se mudam de um país para o outro.

4. Região do sudeste europeu atualmente parte de Grécia, Turquia e Bulgária.

ambos os quais haviam sido destinados à Grécia no Tratado de Sèvres, de agosto de 1920[5]. O documento assinado entre a Turquia e as potências aliadas, vencedoras da Primeira Guerra, estabelecia o fim do Império Otomano, a renúncia turca a territórios no Oriente Médio e Norte da África, a independência da Armênia e, entre outros pontos, o controle grego sobre as ilhas no Mar Egeu. Esse acordo foi rejeitado pelo regime nacionalista turco[6].

Em 1921, apesar de sua inferioridade militar, a Grécia lançou uma ofensiva fracassada contra os nacionalistas, que venceram a guerra. Dois anos depois, Atenas foi obrigada a aceitar o Tratado de Lausanne, que forçava o país a devolver para a Turquia a parte oriental de Trácia e as ilhas de Imbros e Tênedos, além de abandonar as reivindicações sobre Esmirna. A parte mais chocante do acordo, no entanto, foi a troca de populações compostas por minorias entre os dois países[7].

O Acordo de Paz de Lausanne definiu que, a partir de 1 de maio de 1923, o governo grego deveria enviar compulsoriamente para a Turquia os cidadãos muçulmanos vivendo em seu território. O governo turco, por outro lado, despacharia para a Grécia aqueles que fossem cristãos ortodoxos gregos

---

5. The Editors of Encyclopaedia Britannica (2016) 'Greco-Turkish wars | Balkan history', em *Encyclopaedia Britannica*. Disponível em: goo.gl/CikJgU (Acesso: 4 de novembro de 2016).

6. The Editors of Encyclopaedia Britannica (2016) 'Treaty of Sevres | allies-turkey [1920]', em *Encyclopaedia Britannica*. Disponível em: goo.gl/Et7JEe (Acesso: 4 de novembro de 2016).

7. Encyclopaedia Britannica (2016),'Greco-Turkish wars', *Encyclopaedia Britannica*.

vivendo em seu território. Ambos os grupos perderam a nacionalidade do país de nascimento para receber aquela do país para onde foram enviados no conchavo[8].

Essas populações tornaram-se refugiados pelas mãos de seus próprios governos. Não poderiam voltar a viver em seus locais de origem sem a autorização dos governos que as expulsaram[9]. Cerca de 1,5 milhão de pessoas foram realocadas pelo acordo. Mais de milhão delas vieram para a Grécia – que aumentou sua população em um quarto–, onde aquela guerra é definida como "a tragédia da Ásia Menor"[10].

Uma parcela considerável dos indivíduos removidos da Turquia foi assentada na região norte grega. Esse é um fator que, em geral, influencia positivamente a percepção dos refugiados pela população do país. Mas a empatia dos moradores de Idomeni foi extrapolada a partir do verão de 2015, quando o número de refugiados no vilarejo cresceu demais. Tornou-se difícil ajudá-los, especialmente em um país devastado por uma intensa crise econômica que se arrasta por quase uma década.

"No começo, tentávamos ajudar todo mundo", destaca Atanasia. "Dávamos água, comida, papel higiênico, doces para as crianças", prossegue. Os seus olhos estão focados no jardim, a voz tranquila. "Mas no fim, era muita gente. Não tínhamos condições financeiras para ajudar e não podíamos

---

8. Republic of Turkey Ministry of Foreign Affairs (2011) *Lausanne Peace Treaty VI. Convention Concerning the Exchange of Greek and Turkish Populations Signed at Lausanne, January 30, 1923.* Disponível em: goo.gl/UCrAuj (Acesso: 4 de novembro de 2016).

9. Ibid.

10. Hirschon, R (1998) Heirs of the Greek catastrophe: The social life of Asia Minor refugees in Piraeus. New York: Berghahn Books.

atender a todos os pedidos que os refugiados faziam". Esses pedidos incluíam desde banhos a tomadas para carregar celulares.

"Vou lhe falar uma coisa sobre os refugiados", começa Panagiotis. Ele agita o dedo indicador no ar e prossegue entusiasmado. "Idomeni estava muito feliz em recebê-los e oferecer qualquer coisa que precisassem e pedissem, mesmo utensílios para cozinhar. Minha esposa deu oito panelas novas, garfos e facas", continua.

"Todo o dia eles pediam algo. Estávamos comprando três pães por dia e dando dois para eles", intervém Aglaia. "No fim, precisávamos dizer que não tínhamos mais nada. Nossa pensão não é suficiente para as despesas", ela lamenta.

O incômodo de Atanasia por não poder ter oferecido mais suporte ao refugiados parece genuíno. Sua feição é séria, o rosto inchado, cabelos curtos tingidos de amarelo e bem ajeitados em um formato conservador. A situação, diz ela em sua varanda, ficou muito complexa em novembro[11] , e depois entre fevereiro e março de 2016. Nestes dois períodos, a população de Idomeni aumentou em escala exponencial porque milhares de pessoas foram impedidas de entrar na República da Macedônia.

Como não havia abrigo para todos nas tendas oferecidas por ONGS e pelo ACNUR , muitos refugiados precisaram montar suas barracas sobre os campos. Isso causou um impacto relevante em uma parcela de agricultores do vilarejo, pois

---

11. Em novembro de 2015, a rota dos Bálcãs foi fechada para todos aqueles que não eram nacionais de Afeganistão, Iraque ou Síria. Foi a primeira vez que milhares de refugiados ficaram encurralados em Idomeni, sem poder cruzar a fronteira com a República da Macedônia. Ler mais no capítulo três deste livro.

suas terras ficaram improdutivas por muitos meses. Na ampliação do centro de transição, o MSF diz ter arrendado os lotes em que instalou seus novos abrigos, em uma tentativa de minimizar esse problema[12]. Os proprietários de terrenos onde a organização não implantou suas estruturas não tiveram a mesma sorte.

"Os refugiados não sabiam que as fazendas estavam sendo cultivadas", acredita Atanasia. Ainda assim, ela parece irritada, gesticula intensamente, e sua voz se eleva. "Eles estavam andando nas áreas de cultivo, brincando nelas e destruindo a colheita."

"Eles causaram tantos danos nas fazendas", Panagiotis também reclama.

"Não podíamos mais ir aos nossos campos para cultivá-los", lembra Aglaia.

"Tudo que foi pisado, acabou destruído. Alguns agricultores tiveram um hectare arrasado", conta Panagiotis, claramente zangado. "Mesmo que as plantas tivessem um metro de altura, eles não se importaram. Estávamos com medo, como donos da terra, de pedir para eles saírem das plantações."

Ao fim de março de 2016, havia um sentimento mútuo de esgotamento entre os moradores locais e os refugiados. Os primeiros estavam amedrontados, trancados em suas casas. Os últimos mostravam-se frustrados com a impossibilidade de seguir viagem. A tensão era visível em Idomeni. Mesmo atividades simples como esperar na fila organizada por ato-

---

12. Entrevista com Vicky Markolefa, gerente de comunicação da organização.

Figura 20 – Em outubro de 2016, cinco meses após a remoção do refugiados, Idomeni ainda guardava os vestígios da crise humanitária enfrentada pelo pequeno vilarejo. Milhares de roupas e outros objetos que pertenciam a refugiados foram abandonados no local onde antes existia o centro de transição.

res humanitários para distribuir porções de comida servia de combustível para a eclosão de brigas intensas entre refugiados.

A demora das autoridades gregas e europeias em encontrar uma solução adequada para a situação dos milhares de indivíduos encurralados em Idomeni teve um impacto psicológico perceptível nos refugiados. Muitos apresentavam sinais de depressão, outros tornaram-se agressivos, embora esse tipo de comportamento não fosse generalizado.

"Vi crianças pequenas, de 10 anos, atirando pedras em idosas de 80 anos. As senhoras passaram a evitar sair nos próprios jardins", relata Atanasia. "É claro que nem todas as pessoas fizeram essas coisas. Havia muita gente gentil", ela destaca.

A casa da agricultora é uma das mais abertas da vila. O acesso fácil à torneira em frente à residência atraía refugiados, que aproveitavam a chance para tomar banho. Atanasia não se incomodava com isso, mas sentia-se desrespeitada por aqueles que urinavam no local. O cheiro, diz ela, era tão forte que podia ser sentido nos cômodos. O lixo jogado em seu jardim também a deixava nervosa ao ponto de, certa vez, confrontar alguns homens que o sujavam. Pediu para que eles colocassem os entulhos em sacolas.

"Ninguém respondeu. Na mesma noite, eles voltaram e jogaram lixo no meu jardim. Havia até fraldas usadas", ela lembra. "Acho que foi porque levantei minha voz para um grupo de homens", conta. "No começo, sentimos pena por eles. Mas depois de algum tempo, você começa a sentir medo."

Nas semanas anteriores à evacuação, houve diversos casos de vandalismo. Atanasia, Panagiotis e Aglaia citam a destruição de um memorial em homenagem a um antigo professor no cemitério do povoado.

"Eu não conseguia dormir de noite. Eles não respeitaram o vilarejo porque nós fomos muito gentis com eles. Não nos recusamos a ajudá-los", explica Atanasia.

Com a fronteira fechada em definitivo a situação piorou rapidamente. Sem receber comida o suficiente de ONGs, os refugiados passaram a colher alimentos e frutas dos jardins dos moradores, sem autorização. Em muitos casos, cercas foram destruídas. Naquele cenário de escassez, Atanasia conseguia lembrar de como algumas pessoas abrigadas na estação de trem pareciam ter mais dinheiro que os demais.

Eles compravam comida nos mercados e a desperdiçavam enquanto outros passavam fome.

"Não os via dando o que não quisessem mais para outras pessoas", ela diz.

Em seu quintal Panagiotis acende outro cigarro. Leva os ombros à altura do pescoço como quem lamenta aquela carência de alimentos. "Roubaram uma quantidade enorme de comida", ele diz. "Eles mataram 20 galinhas minhas", continua, lentamente balançando a cabeça de um lado para o outro.

"Não deixaram uma galinha viva no vilarejo", Aglaia completa. "Comeram até mesmo um cachorro! As pessoas estavam com fome. E quando se está com fome, faz-se de tudo", continua ela. "Eles entraram em uma plantação de uvas e levaram até as folhas. Estavam escalando as cercas para pegar cerejas que ainda nem estavam maduras."

O frio intenso na região montanhosa a partir de novembro veio acompanhado de furtos de pedaços de mármore e tijolos das residências dos moradores locais. Esses materiais eram usados como bases para fogueiras, uma vez que os campos do vilarejo estavam cobertos de lama na maior parte do tempo. Faltava, entretanto, o que queimar. As únicas fontes de madeira disponíveis eram os estoques das casas e uma floresta em uma área protegida. Árvores foram cortadas e lenhas furtadas, embora doações do material tenham sido distribuídas por um curto período.

As fogueiras tomaram conta de Idomeni: do espaço no chão e do ar. Nem sempre havia madeira, então queimava-se o que estivesse disponível: pneus, roupas, tendas, nylon.

"Tentamos avisá-los que iriam se sufocar com a fumaça, mas não adiantava", diz Atanasia. Vencer a noite gelada sem congelar era uma preocupação maior do que uma possível intoxicação para a maioria dos refugiados.

Panagiotis procura reforçar, sempre que pode, sua empatia com o sofrimento dos refugiados. Parece não querer ser entendido como um xenófobo. Esse esforço, contudo, é quase sempre seguido pelo relato de uma experiência negativa com os visitantes, como as constantes invasões à sua propriedade.

"Não podíamos controlar nada. Eu estava acordando cinco vezes durante a noite", ele conta. Panagiotis aponta para as paredes do quintal: "Coloquei um detector de movimentos para poder checar quando alguém entrasse aqui", revela. "A vida aqui se tornou insuportável."

O depoimento daquele senhor coloca em primeiro plano um recorte muitas vezes ignorado em operações humanitárias: como as comunidades hóspedes são afetadas por grandes números de refugiados. ONGs e agências internacionais tendem a focar seus esforços emergenciais e recursos em aliviar o sofrimento de indivíduos vulneráveis. No médio prazo, porém, é preciso também buscar reduzir o impacto naqueles que recebem e auxiliam essas pessoas em suas cidades e casas.

Uma relação mais profunda entre atores humanitários e moradores parece não ter sido construída em Idomeni. Parte dos residentes do vilarejo desenvolveu uma impressão negativa do trabalho de organizações não-governamentais e de voluntários, percebendo-os como "culpados" pelos tumultos no centro de transição e pelas tentativas frustradas dos refugiados em romper a cerca macedoniana.

"As pessoas aqui do vilarejo disseram para os refugiados não cruzarem a fronteira porque vimos que os que tentaram cruzar foram espancados, cachorros os perseguiam", diz Atanasia. "Ainda assim, as ONGS os orientavam a tentar passar para o outro lado." Aglaia afirma algo semelhante.

"O dano todo foi feito por eles", acredita Panagiotis.

Esse tipo de imagem se espalhou pelo vilarejo, embora ONGS sérias nunca tenham orientado ninguém a cruzar a fronteira. Em março, alguns grupos de ativistas "ajudaram" centenas de pessoas a atravessar para a República da Macedônia por meio de um rio perigoso. A comunicação entre moradores e atores humanitários era tão ineficaz que organizações comprometidas com o profissionalismo e voluntários sérios foram percebidos com desconfiança, ao invés de potenciais colaboradores.

Os residentes de Idomeni sentiam-se sem apoio e inseguros para lidar com os problemas causados pela superpopulação do povoado. "Estávamos quase sendo forçados a agir de formas que não são permitidas entre seres humanos", diz Panagiotis. "Estávamos chegando a um ponto em que precisaríamos usar armas para nos defender."

"De noite, dormíamos em turnos. Um pouco eu, um pouco o meu marido", conta Aglaia. "Uma noite, um homem grande entrou no terreno de casa. Pediu dinheiro para o meu marido. Se eu estivesse lá, ele poderia me empurrar facilmente, entrar e roubar o que quisesse", ela diz.

"Uma vez", Aglaia prossegue, "um deles pegou minha mão e me pediu para dançar. Mas ao invés de dançar, tentou roubar minha aliança. Eu disse: Você deveria ter vergonha!", lembra. "Quando eles deixaram esse lugar, encontramos nossa paz de novo. Ainda bem que foram embora."

Há um certo ressentimento na voz de Aglaia. Ela não parece se incomodar com suas palavras que podem ser interpretadas como intolerantes, talvez nem as perceba como tal. Talvez seja apenas uma figura contraditória. Ela mostra-se preocupada com as notícias do jornal sobre as "péssimas condições" dos abrigos para refugiados nas ilhas gregas. Tem seus favoritos entre os refugiados, diz adorar os sírios.

"Os sírios eram diferentes. Quando você lhes dava algo, eles até beijavam as suas mãos", afirma. O sorriso retorna ao seu rosto pálido.

"Muitos deles não eram como a gente", emenda Panagiotis. "Mas os sírios pareciam ser pessoas boas. Só que não havia apenas eles", afirma. "Tentávamos manter o vilarejo limpo, mas eles deixaram o lugar tão sujo. Era como se eles fossem da Idade Média", ele diz, sem corar.

Panagiotis parece cansado de falar. O sol está próximo de se pôr e a luz dourada do fim de tarde abatia-se sob Idomeni. Ele comenta que a paz retornou ao vilarejo após a evacuação dos refugiados.

"Ficamos felizes porque não tínhamos como aguentar mais aquela situação", afirma ele.

Não muito distante dali, as enormes pilhas de roupas sujas e tendas de plástico largadas no local onde seis meses antes existia um centro de transição são os sinais mais evidentes da passagem de tantos refugiados pelo vilarejo. No chão de terra batida ainda se avistam passaportes perdidos ou abandonados, bolas de futebol, fraldas, latas de comida. Um trailer utilizado como acomodação ainda está parado onde costumava operar o campo B Dentro dele, escovas de dentes, privadas entupidas e outros detritos. Em sua fachada a pichação diz: "Abram as fronteiras."

A cerca erguida pela República da Macedônia continua intacta, vigiada por policiais e fortificada. Em sua base, os arames farpados ainda seguram pedaços de roupas. As placas que um dia sinalizaram aos refugiados os serviços oferecidos por organizações humanitárias no centro estão agora no chão, cobertas pela poeira. Os barulhos resumem-se ao som de moscas, do vento e do caminhar.

Os detritos de concreto que pertenceram à estrutura do hospital do MSF ainda não haviam sido recolhidos. Formavam uma enorme pilha no meio do centro, onde algumas tendas vazias e pias com alguma água resistiam ao vento. O local parece abandonado pelas autoridades locais. O entulho tornou-se o abrigo de uma matilha de cães que latem timidamente para visitantes. As plantações estão se recuperando. Há tomates e melancias selvagens. Tudo parece normal, como Panagiotis deseja.

"Se tivesse levado mais tempo, teríamos que usar armas. Teríamos que fazer justiça com as próprias mãos."

Figura 21 – *Uma bola de basquete abandonada no local onde operava o centro de transição de Idomeni é um resquícios dos antigos moradores, cinco meses após a remoção dos refugiados. Outubro de 2016.*

Mãe

O ônibus parou no acostamento de uma estrada movimentada em Pavlos Melas, subúrbio de Salônica, onde mal se viam as placas de tráfego. Não havia sinais para indicar aos pedestres o local correto para a travessia. Foi preciso esperar alguns minutos pela chance de correr em segurança até o outro lado enquanto os carros ainda estivessem distantes. Ali, um posto de gasolina marca a entrada de uma avenida quase deserta, o início do caminho para o centro de recepção estatal de Oreokastro, então situado na municipalidade homônima.

Daquele ponto em diante, não havia calçadas para pedestres. Era menos perigoso andar pela beirada da estrada, sempre no sentido oposto ao dos carros e caminhões. Assim, haveria tempo de desviar e de ser visto por motoristas. São 50 minutos de caminhada a céu aberto até o abrigo para refugiados montado pelo governo grego. Ficam para trás no trajeto diversos lotes de plantações, mato alto, estufas de flores e armazéns.

O sol forte do verão castigava quem se aventurasse por aquela região.

O destino era o galpão de uma antiga fábrica desativada, convertido em um centro de recepção. O ambiente era hostil. O parte exterior do lote era toda coberta por cimento e não havia mais do que cinco ou seis árvores. A maioria destas acomodações foi preparada de forma emergencial pela Grécia após o fim da rota dos Bálcãs. Grande parte delas sequer atende a requisitos básicos de segurança, ou oferecem um "padrão de vida adequado" definido pela regulação específica da UE para este tipo de espaço[1].

Naquele abrigo, não havia água potável corrente para os refugiados em maio. Todos os dias pela manhã, os moradores recebiam do Exército Helênico garrafas d'água para consumo próprio. Alguns meses depois, o governo alegou que o problema fora solucionado[2]. Não havia também um sistema de ventilação adequado. As paredes altas e encardidas tinham janelas próximas ao teto, mas a abertura destas era limitada . O imenso portão de ferro na entrada do galpão acabava sendo a maior fonte de arejamento. O cheiro na fábrica era desagradável.

As autoridades gregas enfrentaram forte pressão internacional em 2016 para melhorar a qualidade dos centros de recepção para refugiados. Sem muito sucesso, o governo justificava que estava "trabalhando contra o relógio" apesar "da exaustiva austeridade imposta ao país" e do "ainda insuficiente financiamento da UE"[3]. Atenas argumentava que 62% do fundo de emergência destinado pelo bloco ao país foi direcionado para ONGs e organizações internacionais, deixando o país com uma fatia pequena dos recursos[4].

---

1. European Parliament and the Council of European Union (2015) Directive 2013/33/EU of the European Parliament and of the Council of 26 June 2013 laying down standards for the reception of applicants for international protection.

2. Press Office. *Request for comments on Idomeni.* [email].

3. Press Office. *Request for comments on Idomeni.* [email].

4. Ibid.

A Grécia não escondia a insatisfação com a falta de suporte da UE durante a crise dos refugiados, em termos políticos e financeiros. Até o fim de maio de 2016, o país havia gastado cerca de 300 milhões de euros com a crise, tendo recebido 100 milhões de Bruxelas. O governo grego esperava que nos próximos anos, o "problema do orçamento com refugiados" fosse mais "balanceado". Em outubro daquele ano, prometeu entregar em breve novos centros "melhorados" para substituir acomodações precárias[5]. O inverno chegou novamente e a promessa não foi cumprida.

Em Oreokastro, uma refugiada mostrava em seu celular as fotos de uma cobra que invadira a sua tenda. O abrigo não parecia seguro, embora oferecesse maior proteção contra chuva e sol que Idomeni. As instalações elétricas não passavam nenhuma confiança. "Se um incêndio começar aqui, o resultado será terrível", afirmou Korina Kanistra, na sala de exames ginecológicos do MdM, improvisada no segundo andar de um pequeno prédio dentro do galpão.

Da janela avistavam-se centenas de tendas brancas padronizadas, enfileiradas em corredores dentro da fábrica. Em Idomeni, não existia tamanha organização, mas a imprensa e ONGs podiam acompanhar de perto a situação dos refugiados. No vilarejo, uma quantidade grande de atores humanitários também atuava para cobrir suas necessidades, distribuindo comida, itens de higiene, ou oferecendo apoio moral.

---

5. Ibid.

No subúrbio de Salônica, o cenário era bem diferente. Grande parte das funções administrativas do centro estavam a cargo do exército. Uma empresa terceirizada fornecia a comida e atores humanitários não possuíam mais acesso livre aos refugiados, com apenas algumas ONGS autorizadas a atuar no local. E a imprensa enfrentava barreiras burocráticas para conseguir acessar os abrigos geridos pelo governo. Com isso, muitos refugiados viam-se como escondidos do mundo.

Em Idomeni, eles integravam os projetos das organizações. Atuavam como intérpretes, davam aulas nas escolas e ajudavam na distribuição e no preparo de alimentos. Sentiam-se ativos. Em Oreokastro não havia muito o que fazer para enfrentar o tédio. Embora pudessem deixar o abrigo durante o dia, o local fica a 50 minutos de ônibus de Salônica. Muitos não tinham como pagar pelo transporte público, logo, acabavam presos no galpão. Alguns montaram um punhado de barracas de legumes e de cigarro.

A falta de opções para se ocupar, a prolongada demora do governo em analisar os pedidos de asilo e a inércia de países da UE em realocar refugiados da Grécia alimentavam um terreno fértil para exploração de populações vulneráveis. Atores humanitários relataram que gangues gregas e albanesas infiltraram-se em centros de recepção estatais para recrutar indivíduos vulneráveis, além de traficar drogas naqueles locais[6]. Em alguns destes locais, organizações de caridade alegaram que diversas crianças podem ter sido alvo de ataques

---

6. Smith, H (2016) *Refugees in Greek camps targeted by mafia gangs*. Disponível em: goo.gl/00STIA (Acesso: 6 de novembro de 2016).

sexuais[7]. O governo, por outro lado, afirmou não ter registrado reclamações oficiais sobre esses casos, alegando que os centros eram monitorados pela polícia[8].

Uma das tendas de Oreokastro era o lar de Narima[9] e suas duas crianças. Em um inglês truncado, ela tentava descrever o grave estado de saúde do filho de 11 anos. Ela tinha o cabelo, o pescoço e o torço cobertos por um hijab preto[10]. A moldura ao redor do rosto destacava a face cansada e as bolsas escuras embaixo de olhos avermelhados. Ela pedia ajuda para o garoto, sentado atrás da barraca segurando uma bacia branca com água. Ele parecia lavar alguma peça de roupa.

Narima arrumou a única cama daquele pequeno espaço e pediu que me sentasse ali. Começou então a vasculhar quatro ou cinco caixas de papelão enfileiradas perfeitamente em um dos lados da barraca. Em algumas delas havia comida. Em outras, apenas papéis. De uma destas últimas, ela separou uma pasta transparente de plástico.

"Espere só um minuto, só um minuto", ela dizia.

Daquele compartimento, tirou alguns certificados médicos do filho. Colocou-os sobre a cama e pinçou um atestado em árabe de um hospital de Damasco, cidade onde vivia. O papel tinha uma cópia oficialmente traduzida para o inglês. Nela, um especialista destacava que o paciente possuía um problema que provocava o acúmulo de líquido no cére-

---

7. Townsend, M (2016) *'Sexual assaults on children' at Greek refugee camps*. Disponível em: goo.gl/VC1O2M (Acesso: 6 de novembro de 2016).

8. Press Office. *Request for comments on Idomeni*. [email].

9. O nome inteiro da refugiada não foi revelado para proteger sua identidade.

10. Lenço/vestimenta utilizado por mulheres muçulmanas para cobrir a cabeça e o torço.

bro, causando fortes dores de cabeça e afetando a visão da criança. A pressão intracraniana precisava ser aliviada com a remoção do fluido por meio de uma punção lombar. Em outro documento, um médico do MdM recomendava urgentemente o acompanhamento do garoto por uma equipe médica estruturada.

Aquela era uma realidade distante. No centro de recepção, a criança tinha acesso apenas ao atendimento básico oferecido pelo MdM. Em caso de emergência, precisaria ser levado de ambulância para um hospital público da região.

"Por favor, me ajude a chegar na Alemanha", pediu Narima diversas vezes.

A família deixou a Síria com planos de chegar ao país germânico, onde buscaria o tratamento de saúde adequado para o menino. O fechamento da fronteira da República da Macedônia para refugiados vindos da Grécia pôs fim ao plano. Narima e seus filhos foram lançados no limbo jurídico do sistema de asilo europeu.

"A situação dele é muito complicada", ela enfatizou. "E estamos aqui dormindo em uma tenda cheia de cobras."

Em alguns dias, as dores impediam o menino de deixar a cama. Narima estava sentada no chão, olhava fixamente para o teto. Contou que a visão da criança já havia sido afetada. Entre um apelo e outro, se permitiu chorar, mas recompôs-se rapidamente. Enquanto isso, o garoto assistia à mãe narrando a sua história, calado.

"Meu filho precisa de um ambiente bom e assistência médica", ela argumentou.

Narima viveu em Idomeni por quatro meses até ser convencida ou por oficiais de proteção do ACNUR ou por agentes do governo grego, ela não soube dizer, a seguir para um centro de recepção estatal. Lembrava-se, contudo, de que haviam lhe prometido hospedar sua família em um hotel. O compromisso não foi cumprido.

"Gastei sete mil dólares para tentar chegar à Alemanha", ela revelou, antes de prosseguir: "Não tenho mais dinheiro nem para comprar alimentos. Tenho que aceitar o que me dão." Ela parecia um tanto humilhada por não poder escolher o que comeria.

A doença do filho não foi a única razão para fugir da Síria. Os bombardeiros executados pelo regime de Assad no subúrbio da capital chegaram à área onde a família morava. Narima chorou mais uma vez ao lembrar do que deixara para trás.

"Não tenho mais nada", ela lamentou. "Sinto muita falta da minha mãe, que está doente e já é idosa. E sinto que o futuro do meu filho mais novo está acabado."

Ela enxugou as lágrimas com um lenço de papel e continuou a falar sobre o filho. O garoto tinha medo de bombas e do Daesh, acrônimo em árabe para o grupo jihadista Estado Islâmico. Os explosivos atingiram a escola onde ele estudava quando criança, matando alguns de seus colegas.

"Ele não quer mais ir para a escola", disse a mãe. "Três amigos deles foram mortos perto dele. Ele viu o sangue", enfatizou. "Agora ele tem essa doença, está bravo, nervoso."

Aos 46 anos, Narima tinha ainda uma filha adulta que vivia com o marido na Síria. O filho mais velho trabalhava na Arábia Saudita, para onde tentou levar a mãe e os irmãos pequenos. O governo, no entanto, negou-lhes os vistos. Ela não viu outra alternativa a não ser arriscar a vida da família na travessia do Mar Egeu em busca de tratamento para o menino no norte da Europa.

"Ele quer se tornar um piloto de avião", revelou ela. "Mas ele precisa se tratar e os hospitais gregos não têm como ajudá-lo."

Narima parecia aflita. Sempre abordava estrangeiros para explicar o caso do filho. Há semanas ela tentava convencer oficiais do ACNUR de que sua família precisava ser transferida para uma acomodação apropriada em Salônica. Não obteve sucesso. Ela queria se candidatar para realocação em outro país da UE, mas não sabia como enfrentar o processo burocrático. Nem recebia informações do governo grego.

Mais de um mês depois, em junho, Narima seguia na mesma tenda. Nas semanas anteriores, especialistas em direito humanitário internacional analisaram os atestados de saúde da criança na tentativa de encontrar uma saída legal para a família. Lamentaram a gravidade do caso, mas entenderam que a única solução viável seria uma decisão política da UE em apressar a implementação do esquema emergencial de realocação acordado quase um ano antes. Atenas culpou a demora no fato de que "muitos países europeus, devido a suas agendas domésticas de xenofobia e populismo, não mantêm os seus compromissos"[11].

O governo grego estava certo neste ponto. Hungria e Eslováquia contestaram na Corte Europeia de Justiça as cotas da Comissão Europeia para o número de refugiados que os países membros da UE deveriam realocar da Itália e da Grécia[12]. Budapeste realizou ainda um referendo em outubro

---

11. Press Office. *Request for comments on Idomeni.* [email].

12. Deutsche Welle (2015) *Hungary sues EU at European court of justice over migrant quotas | news, DW.COM, 03.12.2015.* Disponível em: goo.gl/1cAc1T (Acesso: 6 de novembro de 2016).

de 2016 para decidir se o país deveria implementar a decisão. O resultado foi inconstitucionalmente nulo e inválido porque menos de 50% da população compareceu às urnas, mas 98% dos que votaram optaram por não receber os refugiados[13].

Muitas vezes de madrugada, quase diariamente, Narima pedia ajuda em mensagens via WhatsApp. Naquele momento, a possibilidade mais viável para a família seria registrar-se com as autoridade gregas, solicitar asilo e depois pedir a realocação para outro país da UE. Narima realizou o processo e uma ONG aceitou lhe oferecer suporte legal, embora não tivesse como cobrir o caso em tempo integral. Ela ainda precisaria esperar meses pelo agendamento da entrevista com autoridades que iniciaria o processo oficialmente. Sobrecarregado, o governo estimava que a audiência não ocorreria antes de 2017.

Narima não podia mais esperar. Em julho, ela enviou notícias sobre a deterioração da saúde de seu filho. O garoto havia sido levado a um hospital. Em agosto, a família decidiu seguir para Atenas, onde encontrou abrigo em uma escola. Na capital, a entrevista inicial com as autoridades não demoraria tanto quanto em Salônica. Ela se despediu.

"Obrigada, meu amigo. Te desejo uma boa vida".

---

13. Kingsley, P (2016) *Hungary's refugee referendum not valid after voters stay away*. Disponível em: goo.gl/Ns0Md4 (Acesso: 6 de novembro de 2016).

Figura 22 – O centro de transição de Idomeni no fim de novembro de 2015, no início da sua primeira crise.

Violoncelo

Nos dias de frio intenso, em sua barraca sem aquecimento montada sob um campo lamacento em Idomeni, Karim[1] consolava-se com o sonho de reconstruir a vida no norte da Europa em um futuro próximo. Perseguido por extremistas religiosos devido ao seu amor pela música clássica, o jovem iraquiano não poderia voltar ao seu país. Não importava se a rota dos Bálcãs tivesse sido terminada dias antes de sua chegada ao vilarejo grego: ainda restava alguma esperança de que ela pudesse ser retomada. E isso bastava para dar-lhe a motivação necessária para enfrentar a situação "terrível" em que vivia na fronteira grega com a República da Macedônia e também para ajudar outros a lidar com o mesmo drama.

Durante toda sua existência, o centro de transição abrigou uma profusão enorme de línguas. Embora o idioma árabe fosse sempre dominante, escutou-se por ali espanhol, urdu, pachto e outros. Muitos refugiados falavam inglês, em especial aqueles que chegaram em Idomeni entre outubro e novembro de 2015. Não era incomum encontrar engenheiros, arquitetos, médicos e professores universitários poliglotas entre os sírios. Eles compunham a classe média que havia fugido daquele país antes que os mais pobres conseguissem fazer o mesmo.

---

1. Nome do refugiado foi alterado para preservar sua identidade.

Conforme passavam-se os meses, ficava cada vez mais raro interagir com alguém fluente em inglês. Essa diversidade de sotaques criou uma barreira linguística que, muitas vezes, impedia a comunicação adequada entre as ONGs, voluntários e refugiados. Quando Idomeni passou a ter residentes "permanentes", intérpretes (oficiais ou não) tornaram-se essenciais. Fluente em árabe, sorani (ou curdo central), pársi e inglês, Karim se ofereceu como voluntário a uma ONG local.

"Em Idomeni, vi tantas pessoas em situação terrível. Eu queria ajudá-las", ele contou. "Muitas pessoas não sabiam pedir comida ou leite para os bebês em inglês."

Karim começou então a atuar como intérprete durante os três turnos de oito horas diárias da organização Praksis. Assim, poderia dormir por algumas horas no container aquecido da ONG, uma vez que as tendas do MSF estavam lotadas. Após 17 dias em Idomeni, a expectativa de que poderia seguir viagem para o norte europeu se esvaiu. A decepção com a forma como foi tratado pela ONG tornou a decisão de partir para Atenas inevitável.

Um dia, contou Karim em um tom desiludido, uma voluntária alemã pediu sua ajuda para distribuir tendas para os refugiados no centro de transição. Ele concordou em auxiliá-la. Fazia muito frio e a chuva era torrencial. As roupas de Karim ficaram encharcadas após completar a tarefa e, no dia seguinte, ele estava doente. Ficou dois dias em uma tenda que passou a dividir com um grupo de curdos.

"Não conseguia nem me mexer", ele lembrou. "Percebi que havia passado duas semanas ajudando todos sem parar, mas ninguém veio me ajudar quando precisei. Ninguém me procurou na minha tenda", disse. Ele estava cabisbaixo, sentado na beirada de uma cama enferrujada e sem colchão, colocada de forma improvisada em um dos corredores de Oreokastro, onde o jovem vivia naquele momento.

Em Atenas, ele voluntariou novamente como intérprete em outras ONGs presentes no acampamento para refugiados onde encontrou abrigo. A estadia na capital durou pouco. Um amigo grego o convidou para passar um tempo em sua casa em Salônica. Karim aceitou e decidiu ficar de vez na Grécia, onde solicitou asilo.

"A fronteira estava fechada, então para onde mais eu iria?", justificou-se. "Aqui na Grécia, estou a salvo."

Em maio, seu novo lar era o centro de recepção estatal. O amigo se mudou para o outro lado do país, mas Karim havia acabado de receber o status oficial de refugiado. Poderia permanecer na Grécia e teria os mesmos direitos dos cidadãos locais. Ele estava encantado com a perspectiva de poder trabalhar, estudar e recomeçar a vida em segurança. Nem mesmo o retorno a uma tenda no chão de uma fábrica o desanimou.

Alto, magro, cabelo e barbas bem cuidados e aparados, Karim parecia preocupado com a aparência. Vestia roupas novas, um jeans claro e uma camisa social branca com listras azul escuro, impecavelmente esticada. Havia acabado de terminar mais um dia como intérprete voluntário na Cruz Vermelha em outro centro de recepção do governo. Ele esperava que a experiência acumulada em ONGs o ajudasse a encontrar um trabalho remunerado como tradutor. Ofertas concretas, entretanto, ele só recebera uma: ser minerador em uma pequena cidade. O salário, argumentou, não daria para cobrir os gastos com aluguel e alimentação. Recusou a oportunidade para aguardar a promessa da Cruz Vermelha de lhe contratar quando uma vaga surgisse.

O emprego que o jovem tanto desejava seria o impulso necessário para retomar a paixão que lhe causou tanto sofrimento: a música. O seu maior fascínio é o violoncelo, o qual não tocava desde a fuga do Iraque em fevereiro de 2016. A voz de Karim trepidou com a lembrança do instrumento. Em um lapso de segundo, o seu rosto abandonou a feição tranquila e ganhou uma expressão pesada, triste.

"Perdi meu violoncelo", ele lamentou, encolhendo-se ao apoiar os dois cotovelos nas pernas e inclinar o torço na mesma direção.

"Estou na Grécia porque sou músico em um país onde pessoas como eu são odiadas", desabafou. "No Iraque, eles dizem que músicos tocam para as forças do mal."

Eles quem?

"Extremistas religiosos da minha cidade", contou ele. "Um grupo de fanáticos muçulmanos me atacou e destruiu meu violoncelo", disse, abalado.

Karim reagiu à agressão com ofensas pesadas. Sua vida passou a ficar sob risco no Iraque, forçando-o a fugir para a Europa. O ataque físico foi, contudo, apenas o episódio final de anos de abusos cometidos por extremistas e tolerados pelo músico.

"Todos os dias eu ouvia insultos na rua desde que comecei a tocar, aos 17 anos", ele contou. As intimidações, garantiu, nunca abalaram o seu comprometimento com a música.

Karim escolheu o violoncelo quando tinha apenas cinco anos. Foi em uma visita à casa de um tio que morava em Bagdá, a capital do Iraque, que ele ouviu um disco de música instrumental pela primeira vez. Reagiu como "aquelas crianças nos desenhos animados que ficam com os queixos caídos quando veem algo impressionante".

"Percebi que aquilo era para mim", disse ele. O largo sorriso havia reaparecido.

Desde aquele momento, em qualquer oportunidade, pedia ao pai um violoncelo, para estudar música.

"Quando ouço piano, clarinete, viola, quando escuto música, sinto algo dentro de mim", explicou. Sua voz soava calma, pausada. Os olhos quase fechados, as mãos próximas do peito.

O pai resistiu enquanto pôde aos apelos. Sempre pediu que o filho se tornasse médico ou professor. Mas quando Karim terminou o ensino médio, entrou para a escola de Belas Artes e estudou música por 5 anos.

"Estava como um doido, faminto por música", contou, enquanto gesticulava intensamente. "Só que o curso não tinha professores de violoncelo", disse. Ele passou, então, a estudar o instrumento sozinho.

Depois de dois anos, começou a usar uma lan house no mercado próximo de sua casa para assistir a aulas de violoncelo em vídeos no Youtube. Após acompanhar as lições, ia praticar antes que as esquecesse. Quando isso acontecia, voltava ao local para rever os movimentos. O pai lhe dava dinheiro para comida, mas ele gastava tudo para aprimorar sua técnica com o auxílio da internet. O esforço o levou a tocar em uma orquestra.

O progresso de Karim não passou despercebido na cidade. Os olhares de desaprovação e os insultos eram frequentes. Quando dizia que era músico, respondiam-lhe que aquela não era uma profissão, que ele "seguia o caminho do mal". Perguntavam-lhe ainda porque não frequentava a mesquita.

"Os extremistas me querem morto. Por causa deles, deixei minha casa, meu país", disse, em um tom de voz elevado. "Mas a vida é louca. Agora estou na Grécia ajudando muçulmanos, alguns dos quais são fanáticos."

Karim narrava sua história como quem falava consigo mesmo em frente a um espelho. Muitas vezes, citava-se nominalmente. "Então eu disse: Karim, você precisa sair daqui", ele falou, para si, em certo ponto da trama que descrevia.

Do lado de fora da tenda que dividia com a uma família iraquiana, ele celebrava a liberdade encontrada na Grécia. Mas conversar sobre o retorno à música ainda parecia doloroso.

"É um pouco difícil encontrar um violoncelo porque é como se tivessem quebrado meu coração. Você não consegue...", ele tentou explicar algo, mas interrompeu a fala. Fez uma pausa e continuou: "Agora, quando vejo um violoncelo, começo a chorar."

Aquela "separação" forçada já durava vários meses. Ainda assim a música seguia em sua mente.

"Todas as noites, pareço um louco porque eu toco o violoncelo com os meus dedos. Todas as noites. Apenas porque sou um músico. Apenas porque estou aqui", confessou. O olhar estava distante, mas as mãos pressionavam as cordas do instrumento imaginário.

Karim não sabia se encontraria um trabalho, mas estava contente numa Grécia de onde a maioria dos refugiados desejava sair o mais rápido possível. Nem mesmo a solidão o abalava porque ele poderia dizer a qualquer um que lhe pergunte: "Sou um músico".

Ele sonhava em estudar musicologia em seu novo país e retornar à companhia do violoncelo. "Estou em um lugar onde posso tocar livremente. Esse é o meu verdadeiro sonho, não ficar dentro de uma tenda."

Do lado de fora daquele centro de recepção, ele começaria a sua nova jornada.

Referências

▷ ACNUR (2001) *Greece: UNHCR concerned at conditions in new refugee sites and urges that alternatives be found.* Disponível em: goo.gl/Ac7wv2 (Acesso: 12 de outubro de 2016).

▷ ACNUR (2015) *Refugees/Migrants Emergency Response — Mediterranean.* Disponível em: goo.gl/Cyur5j (Acesso: 29 de novembro de 2016).

▷ ACNUR (2017) *UNHCR refugees/migrants emergency response — Mediterranean.* Disponível em: goo.gl/31yJ59 (Acesso: 08 de janeiro de 2017).

▷ Anistia Internacional (2015) *Hungary: EU must formally warn Hungary over refugee crisis violations.* Disponível em: goo.gl/STEca4 (Acesso: 12 de outubro de 2016).

▷ Anistia Internacional (2016a) *Iran 2015/2016.* Disponível em: goo.gl/r81owM (Acesso: 16 de janeiro de 2017).

▷ Anistia Internacional (2016b) *Refugees shamefully trapped in Greece — amnesty urgent actions.* Disponível em: goo.gl/BMa3Ak (Acesso: 12 de outubro de 2016).

▷ BBC (2016) *What's happening in Aleppo?* Disponível em: goo.gl/lNt0Pi bbc.com/news/world-middle-east-38132163 (Acesso: 8 de Janeiro de 2017)

▷ BBC (2016a) *Aleppo battle: Syrian city 'back under government control'.* Disponível em: goo.gl/bc3H98 (Acesso: 8 de Janeiro de 2017).

▷ Conselho Dinamarquês para Refugiados (2016) *Summary of regional migration trends middle east (march, 2016).* Disponível em: goo.gl/zFM9V0 (Acesso: 12 de outubro de 2016).

- Deutsche Welle (2015) *Hungary sues EU at European court of justice over migrant quotas | news | DW.COM | 03.12.2015.* Disponível em: goo.gl/1cAc1T (Acesso: 6 de novembro de 2016).

- European Commission (2015) *Refugee crisis – Q&A on emergency relocation.* Disponível em: goo.gl/WJ0RTK (Acesso: 8 de novembro de 2016).

- European Commission (2016) *Commissioner Avramopoulos in Idomeni.* Disponível em: goo.gl/Mpe88n (Acesso: 15 de outubro de 2016).

- European Council – Council of the European Union (2016) *EU-Turkey statement, 18 march 2016.* Disponível em: goo.gl/wtkMTX (Acesso: 30 de novembro de 2016).

- European Commission (2016b) *EU and turkey agree European response to refugee crisis – European commission.* Disponível em: goo.gl/e2naq4 (Acesso: 30 de novembro de 2016).

- European Parliament and the Council of European Union (2015) Directive 2013/33/EU of the European Parliament and of the Council of 26 June 2013 laying down standards for the reception of applicants for international protection. F.G.V Sweden (no. 43611/11) [2016].

- Goitom, H e Biblioteca do Congresso dos EUA (2014) *Laws criminalizing Apostasy.* Disponível em: goo.gl/4gkAC6 (Acesso: 16 de janeiro de 2017).

- Hirschon, R (1998) Heirs of the Greek catastrophe: The social life of Asia Minor refugees in Piraeus. New York: Berghahn Books.

- Kingsley, P (2016) *Hungary's refugee referendum not valid after voters stay away.* Disponível em: goo.gl/Ns0Md4 (Acesso: 6 de novembro de 2016).

- Médecins Sans Frontières (2016) *MSF to no longer take funds from EU member states and institutions.* Disponível em: goo.gl/dYfZVg (Acesso: 8 de novembro de 2016).

- MSF International. 2016. *#Greece: Around 14,000 migrants & refugees are currently trapped in #Idomeni. We did over 2,000 medical consultations in one week in MSF [Twitter].* 8 de março. Disponível em: goo.gl/jrXqQM [Acesso: 12 outubro de 2016].

▷ Nianias, H (2016) *Refugees in Lesbos: Are there too many NGOs on the island?* Disponível em: goo.gl/9OGlAJ (Acesso: 25 de outubro de 2016).

▷ Organização Internacional de Migração (2017) *Missing migrants project.* Disponível em: goo.gl/wF4OLo (Acesso: 08 de Janeiro de 2017).

▷ Organização Internacional de Migração (2017a) *Relocation updated 28 December 2016.* Disponível em: goo.gl/qkxGMW (Acesso: 8 de Janeiro de 2017).

▷ Press Office of the Spokesperson for the Management of the Refugee Crisis, (2016). *Request for comments on Idomeni and refugees in Greece — Brazilian Book.* [email].

▷ Republic of Turkey Ministry of Foreign Affairs (2011) *Lausanne Peace Treaty VI. Convention Concerning the Exchange of Greek and Turkish Populations Signed at Lausanne, January 30, 1923.* Disponível em: goo.gl/UCrAuj (Acesso: 4 de novembro de 2016).

▷ Serviço de Imigração Dinamarquês (2014) *Update on the Situation for Christian Converts in Iran.* Available at: goo.gl/sVhanX (Acesso: 16 de janeiro de 2017).

▷ Smith, H (2016) *Refugees in Greek camps targeted by mafia gangs.* Disponível em: goo.gl/00STIA (Acesso: 6 de novembro de 2016).

▷ The Editors of Encyclopaedia Britannica (2016) 'Greco-Turkish wars | Balkan history', em *Encyclopaedia Britannica.* Disponível em: goo.gl/CikJgU (Acesso: 4 de novembro de 2016).

▷ The Editors of Encyclopaedia Britannica (2016) 'Treaty of Sevres | allies-turkey [1920]', em *Encyclopaedia Britannica.* Disponível em: goo.gl/Et7JEe (Acesso: 4 de novembro de 2016).

▷ The Guardian (2016) *Aleppo must be 'cleaned', declares Assad, amid outcry over bloody siege.* Disponível em: goo.gl/hW2m4m (Acesso: 15 de outubro de 2016).

▷ Townsend, M (2016) *'Sexual assaults on children' at Greek refugee camps.* Disponível em: goo.gl/VC1O2M (Acesso: 6 de novembro de 2016).

COLEÇÃO HEDRA

1. *Iracema*, Alencar
2. *Don Juan*, Molière
3. *Contos indianos*, Mallarmé
4. *Auto da barca do Inferno*, Gil Vicente
5. *Poemas completos de Alberto Caeiro*, Pessoa
6. *Triunfos*, Petrarca
7. *A cidade e as serras*, Eça
8. *O retrato de Dorian Gray*, Wilde
9. *A história trágica do Doutor Fausto*, Marlowe
10. *Os sofrimentos do jovem Werther*, Goethe
11. *Dos novos sistemas na arte*, Maliévitch
12. *Mensagem*, Pessoa
13. *Metamorfoses*, Ovídio
14. *Micromegas e outros contos*, Voltaire
15. *O sobrinho de Rameau*, Diderot
16. *Carta sobre a tolerância*, Locke
17. *Discursos ímpios*, Sade
18. *O príncipe*, Maquiavel
19. *Dao De Jing*, Lao Zi
20. *O fim do ciúme e outros contos*, Proust
21. *Pequenos poemas em prosa*, Baudelaire
22. *Fé e saber*, Hegel
23. *Joana d'Arc*, Michelet
24. *Livro dos mandamentos: 248 preceitos positivos*, Maimônides
25. *O indivíduo, a sociedade e o Estado, e outros ensaios*, Emma Goldman
26. *Eu acuso!*, Zola | *O processo do capitão Dreyfus*, Rui Barbosa
27. *Apologia de Galileu*, Campanella
28. *Sobre verdade e mentira*, Nietzsche
29. *O princípio anarquista e outros ensaios*, Kropotkin
30. *Os sovietes traídos pelos bolcheviques*, Rocker
31. *Poemas*, Byron
32. *Sonetos*, Shakespeare
33. *A vida é sonho*, Calderón
34. *Escritos revolucionários*, Malatesta
35. *Sagas*, Strindberg
36. *O mundo ou tratado da luz*, Descartes
37. *O Ateneu*, Raul Pompeia
38. *Fábula de Polifemo e Galateia e outros poemas*, Góngora
39. *A vênus das peles*, Sacher-Masoch
40. *Escritos sobre arte*, Baudelaire
41. *Cântico dos cânticos*, [Salomão]
42. *Americanismo e fordismo*, Gramsci
43. *O princípio do Estado e outros ensaios*, Bakunin
44. *O gato preto e outros contos*, Poe

45. *História da província Santa Cruz*, Gandavo
46. *Balada dos enforcados e outros poemas*, Villon
47. *Sátiras, fábulas, aforismos e profecias*, Da Vinci
48. *O cego e outros contos*, D.H. Lawrence
49. *Rashômon e outros contos*, Akutagawa
50. *História da anarquia (vol. 1)*, Max Nettlau
51. *Imitação de Cristo*, Tomás de Kempis
52. *O casamento do Céu e do Inferno*, Blake
53. *Cartas a favor da escravidão*, Alencar
54. *Utopia Brasil*, Darcy Ribeiro
55. *Flossie, a Vênus de quinze anos*, [Swinburne]
56. *Teleny, ou o reverso da medalha*, [Wilde et al.]
57. *A filosofia na era trágica dos gregos*, Nietzsche
58. *No coração das trevas*, Conrad
59. *Viagem sentimental*, Sterne
60. *Arcana Cœlestia e Apocalipsis revelata*, Swedenborg
61. *Saga dos Volsungos*, Anônimo do séc. XIII
62. *Um anarquista e outros contos*, Conrad
63. *A monadologia e outros textos*, Leibniz
64. *Cultura estética e liberdade*, Schiller
65. *A pele do lobo e outras peças*, Artur Azevedo
66. *Poesia basca: das origens à Guerra Civil*
67. *Poesia catalã: das origens à Guerra Civil*
68. *Poesia espanhola: das origens à Guerra Civil*
69. *Poesia galega: das origens à Guerra Civil*
70. *O chamado de Cthulhu e outros contos*, H.P. Lovecraft
71. *O pequeno Zacarias, chamado Cinábrio*, E.T.A. Hoffmann
72. *Tratados da terra e gente do Brasil*, Fernão Cardim
73. *Entre camponeses*, Malatesta
74. *O Rabi de Bacherach*, Heine
75. *Bom Crioulo*, Adolfo Caminha
76. *Um gato indiscreto e outros contos*, Saki
77. *Viagem em volta do meu quarto*, Xavier de Maistre
78. *Hawthorne e seus musgos*, Melville
79. *A metamorfose*, Kafka
80. *Ode ao Vento Oeste e outros poemas*, Shelley
81. *Oração aos moços*, Rui Barbosa
82. *Feitiço de amor e outros contos*, Ludwig Tieck
83. *O corno de si próprio e outros contos*, Sade
84. *Investigação sobre o entendimento humano*, Hume
85. *Sobre os sonhos e outros diálogos*, Borges | Osvaldo Ferrari
86. *Sobre a filosofia e outros diálogos*, Borges | Osvaldo Ferrari
87. *Sobre a amizade e outros diálogos*, Borges | Osvaldo Ferrari
88. *A voz dos botequins e outros poemas*, Verlaine
89. *Gente de Hemsö*, Strindberg

90. *Senhorita Júlia e outras peças*, Strindberg
91. *Correspondência*, Goethe | Schiller
92. *Índice das coisas mais notáveis*, Vieira
93. *Tratado descritivo do Brasil em 1587*, Gabriel Soares de Sousa
94. *Poemas da cabana montanhesa*, Saigyō
95. *Autobiografia de uma pulga*, [Stanislas de Rhodes]
96. *A volta do parafuso*, Henry James
97. *Ode sobre a melancolia e outros poemas*, Keats
98. *Teatro de êxtase*, Pessoa
99. *Carmilla — A vampira de Karnstein*, Sheridan Le Fanu
100. *Pensamento político de Maquiavel*, Fichte
101. *Inferno*, Strindberg
102. *Contos clássicos de vampiro*, Byron, Stoker e outros
103. *O primeiro Hamlet*, Shakespeare
104. *Noites egípcias e outros contos*, Púchkin
105. *A carteira de meu tio*, Macedo
106. *O desertor*, Silva Alvarenga
107. *Jerusalém*, Blake
108. *As bacantes*, Eurípides
109. *Emília Galotti*, Lessing
110. *Contos húngaros*, Kosztolányi, Karinthy, Csáth e Krúdy
111. *A sombra de Innsmouth*, H.P. Lovecraft
112. *Viagem aos Estados Unidos*, Tocqueville
113. *Émile e Sophie ou os solitários*, Rousseau
114. *Manifesto comunista*, Marx e Engels
115. *A fábrica de robôs*, Karel Tchápek
116. *Sobre a filosofia e seu método — Parerga e paralipomena (v. II, t. I)*, Schopenhauer
117. *O novo Epicuro: as delícias do sexo*, Edward Sellon
118. *Revolução e liberdade: cartas de 1845 a 1875*, Bakunin
119. *Sobre a liberdade*, Mill
120. *A velha Izerguil e outros contos*, Górki
121. *Pequeno-burgueses*, Górki
122. *Um sussurro nas trevas*, H.P. Lovecraft
123. *Primeiro livro dos Amores*, Ovídio
124. *Educação e sociologia*, Durkheim
125. *Elixir do pajé — poemas de humor, sátira e escatologia*, Bernardo Guimarães
126. *A nostálgica e outros contos*, Papadiamántis
127. *Lisístrata*, Aristófanes
128. *A cruzada das crianças/ Vidas imaginárias*, Marcel Schwob
129. *O livro de Monelle*, Marcel Schwob
130. *A última folha e outros contos*, O. Henry
131. *Romanceiro cigano*, Lorca
132. *Sobre o riso e a loucura*, [Hipócrates]

133. *Hino a Afrodite e outros poemas*, Safo de Lesbos
134. *Anarquia pela educação*, Élisée Reclus
135. *Ernestine ou o nascimento do amor*, Stendhal
136. *A cor que caiu do espaço*, H.P. Lovecraft
137. *Odisseia*, Homero
138. *O estranho caso do Dr. Jekyll e Mr. Hyde*, Stevenson
139. *História da anarquia (vol. 2)*, Max Nettlau
140. *Eu*, Augusto dos Anjos
141. *Farsa de Inês Pereira*, Gil Vicente
142. *Sobre a ética — Parerga e paralipomena (v. II, t. II)*, Schopenhauer
143. *Contos de amor, de loucura e de morte*, Horacio Quiroga
144. *Memórias do subsolo*, Dostoiévski
145. *A arte da guerra*, Maquiavel
146. *O cortiço*, Aluísio Azevedo
147. *Elogio da loucura*, Erasmo de Rotterdam
148. *Oliver Twist*, Dickens
149. *O ladrão honesto e outros contos*, Dostoiévski
150. *O que eu vi, o que nós veremos*, Santos-Dumont

«SÉRIE LARGEPOST»

1. *Dao De Jing*, Lao Zi
2. *Cadernos: Esperança do mundo*, Albert Camus
3. *Cadernos: A desmedida na medida*, Albert Camus
4. *Cadernos: A guerra começou...*, Albert Camus
5. *Escritos sobre literatura*, Sigmund Freud
6. *O destino do erudito*, Fichte
7. *Diários de Adão e Eva*, Mark Twain
8. *Diário de um escritor (1873)*, Dostoiévski

«SÉRIE SEXO»

1. *Tudo que eu pensei mas não falei na noite passada*, Anna P.
2. *A vênus das peles*, Sacher-Masoch
3. *O outro lado da moeda*, Oscar Wilde
4. *Poesia Vaginal*, Glauco Mattoso
5. *perversão: a forma erótica do ódio*, oscar wilde
6. *A vênus de quinze anos*, [Swinburne]

COLEÇÃO «QUE HORAS SÃO?»

1. *Lulismo, carisma pop e cultura anticrítica*, Tales Ab'Sáber

2. *Crédito à morte*, Anselm Jappe
3. *Universidade, cidade e cidadania*, Franklin Leopoldo e Silva
4. *O quarto poder: uma outra história*, Paulo Henrique Amorim
5. *Dilma Rousseff e o ódio político*, Tales Ab'Sáber
6. *Descobrindo o Islã no Brasil*, Karla Lima

Adverte-se aos curiosos que se imprimiu este livro em nossas oficinas, em 2 de agosto de 2017, em tipologia Neue Swift, com diversos sofwares livres, entre eles, LuaLaTeX, git & ruby.